成功的工程项目管理实战讲座

西雅理源企业管理咨询有限公司

中国建筑工业出版社

图书在版编目(CIP)数据

成功的工程项目管理实战讲座/西雅理源企业管理咨询有限公司编．—北京：中国建筑工业出版社，2005
 ISBN 7-112-07765-6

Ⅰ．成… Ⅱ．西… Ⅲ．基本建设项目—项目管理
Ⅳ．F284

中国版本图书馆 CIP 数据核字(2005)第 098623 号

本书与《成功的工程项目管理实战讲座》11 张 DVD 光盘同时出版，内容主要是潘士弘先生和尤孩明博士讲座的梗概，同时将潘士弘先生多年来陆续写下的工程项目管理实践经验的随笔也一并奉上。

需要说明的是，无论是 DVD 的讲座内容，还是本书，在出版中都比较注意保留了主讲人一些个性化的特点和经验，希望有助于读者在工程项目管理实践中参考和分享。

* * *

责任编辑：刘爱灵　张礼庆
责任设计：董建平
责任校对：王雪竹　王金珠

成功的工程项目管理实战讲座
西雅理源企业管理咨询有限公司
*
中国建筑工业出版社出版、发行(北京西郊百万庄)
新 华 书 店 经 销
北京建筑工业印刷厂印刷
*
开本：787×1092 毫米　1/16　印张：7½　字数：180 千字
2005 年 10 月第一版　　2005 年 10 月第一次印刷
ISBN 7-112-07765-6
(13719)
版权所有　翻印必究
如有印装质量问题，可寄本社退换
(邮政编码 100037)
本社网址：http://www.china-abp.com.cn
网上书店：http://www.china-building.com.cn

前 言

——工程项目管理领域成功实践者的真知与经验

项目管理的能力已经成为建设企业重要的核心竞争力之一,国内建设市场逐渐开放,与国际惯例接轨的市场要求,日益加剧的市场竞争也将迫使企业正视本企业的问题和差异,重视工程项目管理实务知识的学习,采用先进、科学的管理方式,加快培养专业化复合人才,提高管理能力。

我们的思路与想法

项目管理(PM)因它强调系统有效性和重视业绩而部分区别于国内传统的管理方式。它作为新兴的管理技术,在提高运作效率、节省时间和降低成本、控制风险等方面成效显著,已成为国际上流行的实用科学管理方法。自20世纪90年代以来,项目管理的运作方式从根本上改善了中层管理人员的工作效率,提高了系统有效性和经济效益,已被公认为是一种具有生命力并能实现复杂的企业目标的良好方法。

工程项目管理自20世纪80年代起在我国部分重点建设项目中运用,效果较好,21世纪以来,工程项目管理广泛引入和推广到企业管理中,进入快速转型发展期,但与跨国公司成熟的工程项目管理方式方法比较起来仍有着相当的差距。同时因为应用面窄,发展速度缓慢,没有进入决策者管理思路中,导致缺少相当水准的实践型项目管理人才。

尽管本讲座的重点主要是突出实践应用,这也是学员想在项目环境中成长提高所必备的知识,但也没有忽略目的性的学习,仍注重专业基础和系统的项目管理知识。这些知识来自于多年的项目管理实践、项目管理案例总结和体会。

突出特点

本讲座采用国际风行的培训工作坊,即 Workshop 的形式,以务实的理念与创新的风格,讲授工程项目管理知识及其建设行业应用的成功经验,分析各类案例,探讨实务应用,系统清晰地将工程项目管理的理念、观念和管理流程、实务应用及成熟经验,带给国内企业中工程项目的高层管理者和项目经理。

讲座突出实务应用和操作中的问题,针对建设行业各单位从事相关工程项目管理工作的中高层管理人员和专业人员而设置。

讲座主讲人都来自在中国管理项目的跨国公司项目经理和高层管理人员,有从事项目管理多年经验的资深国际工程专家。理性思考与实务操作并重,语言简练,避免了生涩的技术术语。内容从改善理念开始,再学习规范的知识和系统的方法,探讨式讲授工程项目管理的知识、方法和经验,突出了项目管理的理念、思路和方法、实务问题与实践应用,可操作性强。

讲座的部分内容是在经建设部人事教育司审核批准、已成功举办六届的"建设行业工程项目管理研修班"基础上加以深入完善的，更加注重实务及案例分析。

适用的范围

适合工程建设领域企事业单位的中高层管理人员、工程项目管理业务人员、大中专在校学生和其他相关读者学习。目标读者是所有的项目相关人员，而不仅仅是项目经理。首先要学习如何成为成功的项目团队的成员，学习如何在项目环境中高效工作，进而激发他们的潜能，以胜任管理项目及团队的工作要求。本讲座的安排，就是为了使他们能卓有成效地进行项目管理工作，并对他们完成相关项目产生直接的影响。

因此，本讲座适合于企业和学校充实工程项目知识和经验方面的再学习培训计划，也就是培养训练员工在多方面及交叉职能项目团队中获得成功，并使他们在实际工作中具备开拓能力。

"他山之石，可以攻玉。"每一种成功的管理模式，都是管理理论和具体实践相结合的产物；每一位成功实践者的经验总结对工程项目管理工作者都有着深刻启发和影响。今后此系列讲座仍会选择不同主题和内容，陆续和大家见面，详细情况可查询 Reshare 建设培训网 Http://www.pmpchina.org。欢迎大家与我们交流，多提宝贵意见，来信可直接发送到 reshare@vip.163.com。

西雅理源企业管理咨询有限公司
西雅理源建设培训中心
赵鲁蓉/总经理
2004 年 12 月 20 日

目　录

前言

融合东西方观念的工程项目管理 …………………………………… 潘士弘　1

项目管理核心理念与国际工程项目管理 ……………………………… 尤孩明　28

项目管理实战经验集萃 ………………………………………………… 潘士弘　77

主讲人简介 …………………………………………………………………… 111

融合东西方观念的工程项目管理

潘士弘

管理观念概述之一

- WTO 对项目管理的挑战
- 管理和民主
- 管理结构
- 管理目的和特色
- 管理的几个误区

管理观念概述之一
在中国的主要管理项目

Three Gorges Project Management System  TGPMS 三峡工程管理系统
- 强调跨部门的系统集成
- 按功能而不是按部门划分子系统
- 提高了控制能力
- 及时提供精确的工程信息
- 强调管理程序的执行
- 加强了总体的管理意识

管理观念概述之一
WTO 对项目管理的挑战

- ◆ WTO的本质
- ◆ 中国的现况
- ◆ 如何应付挑战？

今天市场竞争成功的关键不是技术而是管理

管理观念概述之一
WTO 对项目管理的挑战

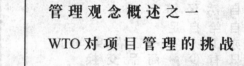

WTO 的本质
- 市场经济 – 竞争
- 全球化 – 双赢
- 游戏规则：法制

管理观念概述之一
WTO 对项目管理的挑战

中国的现况
- 工业
- 农业
- 服务
- 设计和咨询
- 关键在于管理

管理观念概述之一
WTO 对项目管理的挑战

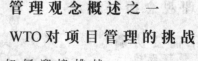

如何迎接挑战
- 强调熔入
- 立足本行，业务重组
- 真正了解对手
- 危机感不是理论上的
- 改变观念

管理观念概述之一

管理和民主

- 管理的定义
- 管理的本质
- 科学和民主

管理观念概述之一

管理的定义
- 协调专业
- 使用人才

管理观念概述之一

自然经济
自给自足
亦工亦农 - 工农兵学商
只有少量商品交换
人际关系简单
缺乏横向联系 - 鸡犬之
声相闻老死不相往来

管理观念概述之一

工业化的特点在于分工

信息量急剧增加，全才不再可能
效率的提高不是依靠大干特干拼命干
效率的提高是
- 依靠分工
- 依靠专业化

典型的例子 - 流水线
必需促进横向联系

管理观念概述之一

分工需要协调

分工是打破统一
产品是集成
- 计划经济是强求统一
- 商品经济是强调分工

一元化是自然经济的反映
多元化是商品经济的基础
协调是改善横向关系

管理观念概述之一

市场是社会发展的动力

- 改进服务品质
- 丰富生活
- 促进发明创造
- 提高生产效率
- 对经济发生连锁反应

管理观念概述之一
市场发展的基本要求
- 双赢
  - 平等
  - 互利
- 法律健全
  - 长期
  - 信心
- 业绩的标准
  - 能否提供服务

管理观念概述之一
管理的本质
- 管理是协调不同专业
- 管理是使用人才
- 管理是要达到一个既定目的

管理是一门专业
管理是一门科学

管理观念概述之一
管理结构

层次结构　　典型政府结构

管理观念概述之一
管理结构

典型项目结构

	地区1	地区2	地区3	地区4	地区5
专业1	○	○		□	
专业2	□	□	○		
专业3		○		○	○
专业4	□	○			○
专业5				□	

□ 工程1　○ 工程2　○ 工程3

管理观念概述之一
管理结构

政企不分
- 政府的运转建立在利益均衡的基础上
- 利益均衡必需由民主来实现
- 企业的运转建立在提高效率的基础上
- 提高效率必需由科学管理来实现
- 两者全有所谓的领导和被领导关系
- 但这是本质上完全不同的两种事物

管理观念概述之一
管理结构

政企不分
- 政府不要直接管企业
- 企业不能按政府方式管理
- 把英文Chief Executive officer (CEO)翻译成首席执行官,不但在文字上不通,而且反映了官本位的思想 仍在企业管理和项目管理上作怪

3

管理观念概述之一
管理结构
外行领导内行
什么是内行？
> 如果内行是指管理,当然外行不能领导内行

管理是科学,没有知识,不懂科学当然不能领导

管理观念概述之一
管理结构
外行领导内行
什么是内行？
- 如果内行是指具体专业,当然是外行领导内行

梅兰芳唱青衣,不唱花脸,他不是花脸内行,但他懂得京剧的规律,他不必精通花脸,也可以领导剧团

管理观念概述之一
管理结构
外行领导内行
*外行*和*内行*的定义和概念
- 不懂其他具体专业不等于无知识
- 管理其他专业不等于搞这些专业

不能把定义扩大到概念约定成俗的范围之外,使之变得荒唐,再反过来否定或肯定这一概念

管理观念概述之一
管理的目的和特色
平衡
- 成本
- 进度
- 质量

管理观念概述之一
管理的三维空间
- ❖ 这三维是无法互相取代的
- ❖ 这三维可以相互制约

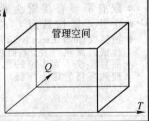

管理观念概述之一
西方好的管理的特色
- 以成本为基本点
- 强调横向联系
- 职责明确
- 注重预测
  时间就是金钱

管理观念概述之一
中国特色的管理

- 以进度为基本点
- 缺乏横向联系
- 职责混淆
- 注重过去,轻视预测

提前就是成绩

管理观念概述之一
管理的误区

提前完成任务.超额完成任务
- 成本是否超额?
- 如果成本也没超额,是否是好事?
- 计划是干什么的?

缺乏全局(系统)观念

管理观念概述之一
管理的误区

多请示,勤汇报
- 管理人员提要求
  专业人员研究如何实施,他们请示什么?
- 管理人员要结果
  专业人员去实现,他们汇报什么?

管理观念概述之一
管理的误区

首长拍板,现场拍板
越位
- 如果专业人员苦思冥想而不得解的事,首长能在几分钟解决,那么或者专业人员是白痴,或者首长是天才,或者首长胡指挥。

后果是下属不敢或不负责

管理观念概述之一
管理的误区

日理万机
没有全才
依靠分工
抓住重点
切忌包办代替

管理观念概述之一
管理的误区

汇报会议
- 汇报会议往往要面面俱到,无法突出问题
- 会议成本和效益不成比例
- 越正式的会议越不容易讨论尖锐的问题
- 汇报会议是政府工作的方式
- 项目管理需要的是小范围的工作会议
- 项目管理的会议主要是讨论异常和困难
- 施工和生产信息应当由信息系统直接提供
- 不能同时向领导、会议和计算机汇报相同的信息

管理观念概述之一
管理的误区

会计是控制成本的
- 会计是处理已发生的事的
- 已发生的事是无法控制的
- 成本控制是面向未来
- 未来的事才有可能控制

成本控制是管理人员的首要工作

管理观念概述之一
管理的误区

质量第一
- 质量的定性是由安全系数衡量的
- 质量取决于需要
- 质量取决于能力
- 对质量的量化结果要进行分析

质量要受制于成本和进度

管理观念概述之一
管理的误区

安全第一
- 安全是工程首要考虑的工作
- 安全第一无法体现,并非说安全不重要,而是无法执行
- 安全不仅仅是管理问题,是对人的态度

管理观念概述之一
管理的误区

创一流
- 什么是一流?
- 谁评定的一流?
- 非线性的事务有没有可比性?
- 项目验收的标准是什么?

管理观念概述之一
管理的误区

世界水平
- 什么是世界水平?
- 中国水平包不包括在世界水平内?
- 谁来鉴定世界水平?
- 最现代化的一定是最适用的吗?
- 到底要追求什么?

没有那么多第一,这是一元化思维的产物

管理观念概述之二

- ➢ 领导和被领导的关系
- ➢ 工程的组合及分解
- ➢ 公司和工程的比较
- ➢ 管理和权力
- ➢ 会计和成本控制
- ➢ 统计和预测
- ➢ 业主和管理

管理观念概述之二
领导和被领导的关系

- 领导的职责
- 领导的心理
- 被领导的职责
- 被领导的心理
- 选拔人才
- 承担责任
- 集思广益和力排众议

管理观念概述之二
领导和被领导的关系

领导的职责
- 人事－使用人才
- 预测－掌握方向
- 成本－提高效率
- 市场－开拓业务
- 总结－吸取教训

管理观念概述之二
领导和被领导的关系

领导的心理
- 业绩－能力的体现
- 权威－掌握全局的条件
- 技术－维护权威的条件
- 人事－贯彻权威的途径
- 责任－压力的来源
- 恐惧－缺乏权威还是缺乏能力？

管理观念概述之二
领导和被领导的关系

被领导的职责
- 人事－团队观念
- 理解－掌握方向
- 成本－提高效率
- 决定－本职业务
- 总结－吸取教训

管理观念概述之二
领导和被领导的关系

被领导的心理
- 人事－在团队的位置
- 成就－对自己的认可
- 责任－赏罚分明
- 进取－业务提升
- 功利－兴趣和利益

管理观念概述之二
领导和被领导的关系

选拔人才
- 责任－必须有责任感
- 进取－精神面貌
- 能力－扬长避短
- 学历－并不重要
- 合作－团队精神
- 评比－很难量化

管理观念概述之二
领导和被领导的关系

承担责任
- 放手使用人才
- 明确职责，避免集体负责
- 承担下属责任,肯定下属成绩
- 要求下属敢于承担责任
- 不要过问细节
- 不要指导业务

管理观念概述之二
领导和被领导的关系

集思广益和力排众议
- 集思广益是加强横向联系
- 讨论方案的要点是检查是否有漏洞
- 力排众议是在检查漏洞之后
- 他人的看法往往是从其工作的角度提出的，领导必须从整体出发

工作方法

管理观念概述之二
工程的组合及分解

- 工程组合的特点
- 工程的专业组合
- 工程的部门组合
- 工程的人事组合
- 成本的分解 WBS
- 人事的分解 OBS
- 分解的关键
- 为何 P3 用不起来

管理观念概述之二
工程的组合及分解

工程组合的特点
- 临时性强
- 有明确的任务和时间
- 专业交叉多
- 人员来自不同部门甚至不同公司
- 横向联系是关键

管理观念概述之二
工程的组合及分解

工程的专业组合
- 矩阵方式
- 可以灵活调度－负责人的一大任务
- 有明确的起始、结束日期
- 明确工作范围
- 需要完整的文件支持

管理观念概述之二
工程的组合及分解

工程的部门组合
- 不宜过细
- 重点在人员调配
- 区分具体业务和管理
- 职责分明
- 在业务分工上不应区别业主、承包商，要强调统一的管理

管理观念概述之二
工程的组合及分解

工程的人事组合
- 只限于本工程
- 避免介入人事的行政管理
- 在项目开始时，落实人员的需要
- 要有人力资源进度（计划）
- 着重工程中的表现，及时反馈给参与人员的行政领导

管理观念概述之二
工程的组合及分解

工作的分解 WBS
- Work Breakdown Structure
- 子项目(Area) – 按区域或分项目划分
- 施工包 (CWT Construction work Package) – 一项任务,可以单计成本
- 工作码 (WBS) – 不同的专业,工序,可以计算成本,起止日期和工期
- 成本种类 (CT Cost Type) 可以确定单价

管理观念概述之二
成本的分解 WBS
工程的组合及分解

工作分解和定义
1. Area 子项目
2. CWP 施工包
3. WBS 工作码
4. CT 成本种类

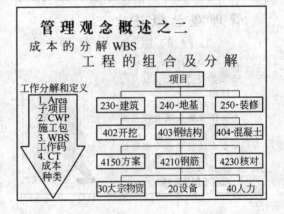

管理观念概述之二
工程的组合及分解

人事的分解 OBS
- Organizational Breakdown Structure
- 按项目管理需要,分为若干层次
- 结构的设置不是按具体人员编制的
- 确定每个层次的岗位
- 明确每个岗位的责任和授权
- 通过岗位码,建立相互责任
- 建立和WBS的联系
- 在项目进行中分配具体人员到既定的岗位

管理观念概述之二
工程的组合及分解

分解的关键
- 不宜过细
- 目的明确
- 统一结构
- 在项目执行前决定
- 经验的积累

管理观念概述之二
工程的组合及分解

为何 P3 用不起来
- 施工部门 – 建设部
  - 重点是工序的关系，成本，进度
  - 一个 WBS 有多个 CT（成本种类）
- 企业管理 – 计划合同部
  - 重点是成本种类的年度使用量
  - 一个 CT 有多个 WBS 使用

管理观念概述之二
工程的组合及分解

为何 P3 用不起来
- 市场经济是假设物资供应是无限的
- 年度使用量对项目管理用途不大
- 不同的目的使编码无法统一
- 多对多的关系使两种编码无法随时同步
- 项目经理没有完全的授权
  - 项目经理对计划合同部门没有决定权
  - 计划合同部门不具体管理项目

管理观念概述之二
工程的组合及分解

为何 P3 用不起来
- 必须有实际的工作分解
- 工作分解要和顺序，制约挂钩
- 工序时间要实际
- 工作分解要是合同范围的基础
- 管理深度要明确
- 要承认进度是会变动的
- P3不是为了汇报进度,是模拟,指导进度

坚墙不倒尽苍老

管理观念概述之二
管理和权力

- 行政权力和工程管理权力的差异
- 公司和工程的比较
- 项目主管
- 项目经理
- 项目经理必须对成本负责
- 项目控制员

管理观念概述之二
管理和权力

行政权力和工程管理权力的差异
- 行政权力是长期的
- 工程管理权力是"短期"的
- 行政权力广泛
- 工程管理权力有限
- 行政权力受公司规则的约束
- 工程管理受合同的约束
- 行政权力通常涉及少量的资金
- 工程管理通常支配高额的资金

管理观念概述之二
管理和权力

公司和工程的比较
公司：
- 永久的
- 稳定的
- 不断重复,周而复始
- 层次形
- 按地区和专业划分
- 有统一的规章制度
- 按年度评定业绩
- 面向业务开拓

管理观念概述之二
管理和权力

公司和工程的比较

	地区1	地区2	地区3	地区4	地区5
专业1		○	○		
专业2	□		□		
专业3		○		○	
专业4		○			
专业5			□		

工程：
- 暂时的
- 不断调整
- 没有重复，个个项目有其特点
- 矩阵结构，强调横向联系
- 按工序结合，按工程需要组合
- 规章制度要根据合同调整
- 按项目生命周期评定业绩
- 面向客户

管理观念概述之二
管理和权力

- 项目主管 (Project Director/Sponsor)
- 公司对项目的总负责人
- 负责项目对公司的责任
  - 负责承包的成本(不是项目成本)
  - 公司名誉，信誉
  - 决定方向性变更
  - 代表公司和业主交涉商务问题
- 项目经理的直接上司
  - 选择项目经理
  - 项目经理的保护伞
  - 协助项目经理组织项目班子
  - 督促,检查项目经理的业绩
  - 不干涉项目经理的活动

管理观念概述之二
管理和权力

项目经理 (Porject Managen)
- 项目的负责人
- 负责项目的具体实施
  - 项目计划,预算
  - 组织项目执行队伍
  - 控制项目成本,进度和质量
  - 控制变更
- 项目经理对项目主管负责
  - 对项目方向性变更提出建议
  - 通过项目主管得到公司的支持
- 大型项目可设置多个项目经理，但要有一个项目经理总负责

管理观念概述之二
管理和权力

项目经理必须对成本负责
- 项目经理不是施工经理
- 项目经理要兼顾成本,进度和质量
  - 不负责成本,必然突出进度
  - 不负责成本,必然和负责成本的人/部门扯皮
  - 不负责成本,其他部门不可能控制成本
  - 不负责成本,无法从全局着眼
- 中国项目经理承担成本的困难
  - 项目经理不熟悉成本控制
  - 把成本控制和会计混为一谈
  - 领导不放心

管理观念概述之二
管理和权力

项目控制员 (Porject Controller)
- 负责项目承包本身的成本和进度
  - 同样使用PMS来控制承包的项目本身
  - 是项目经理的助手
  - 对项目变更提出分析
  - 对项目成本和进度提出分析
- 对项目主管负责
  - 项目进展报表是项目主管对项目监督的依据
- 不可以干涉项目经理的决定

管理观念概述之二
会计和成本控制

- ❖ 会计是过去时的工作
- ❖ 会计为成本提供数据
- ❖ 会计是企业级的工作
- ❖ 成本控制是未来时的工作
- ❖ 成本,进度和质量是不可迭加的三维
- ❖ 成本控制是项目的核心
- ❖ 成本控制是项目层的工作

管理观念概述之二
会计和成本控制

会计是过去时的工作
- 会计负责支付已确定的费用,包括签订的合同,成交的采购,接受的服务
- 无论合同,采购或服务是否恰当,只要是符合规章制度和法律的,必须支付
- 采购工作是技术工作,不是规章制度问题

管理观念概述之二
会计和成本控制

会计为成本提供数据
- 会计无法控制成本
- 会计提供数据,使管理人员明白未来有多大的空间
- 会计提供的是已发生的成本,不包括已确认的成本,计划成本
- 会计提供的数据还为资金流提供信息

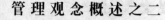

管理观念概述之二
会计和成本控制

会计是企业级的工作
- 会计(出纳)是最后的支付
- 会计应当归属企业
  - 有助于统一使用现金
  - 加强资金管理
- 会计应不介入项目的决定
  - 会计不懂项目决策
  - 成本决策不仅仅是资金
  - 会计应避免非技术决策
- 会计对企业老板负责,项目经理对业主(客户)负责

管理观念概述之二
会计和成本控制

成本控制是未来时的工作
- 成本是项目管理的核心
- 只有未来才能控制
- 成本包括兑现的成本、已确认的成本和计划的成本
- 除了直接开支如合同支付、采购支付和行政开支外,成本还包括利息(短期和长期利息)
  - 以年息 2% 为例, 每亿元日利息是 5470 元, 月息为 164100 元, 年息为 2000000 元

管理观念概述之二
会计和成本控制

成本,进度和质量是不可迭加的三维
- 成本,进度和质量互相制约
- 成本,进度和质量却无法互相取代
- 决定进度的包括成本、技术、环境、质量和需要
- 决定质量的包括成本、技术、环境、进度和需要
- 决定成本的包括价格、技术、环境、进度、质量和现金

管理观念概述之二
会计和成本控制

成本控制是项目的核心
- 没有资金无从谈起进度和质量
- 进度和质量的调整必然反映到成本上
- 成本最容易量化
- 绝大多数项目的根本目的是利润

管理观念概述之二
会计和成本控制

成本控制是项目层的工作
- 企业成本 和项目成本不一定一致
- 项目成本的评定是根据项目预算
- 成本不是越低越好
- 项目成本必须和项目其他因素一起综合考虑

管理观念概述之二
统计和预测

统计的第一层含义：历史数据的搜集
统计的第二层含义：可能性的判断
信息处理和信息增值
信息的使用
信息爆炸和信息缺乏
工程管理缺乏预测的原因
编码的重要性
信息的连续性

管理观念概述之二
统计和预测

统计的第一层含义：
- 历史数据的搜集
- 统计是盘点的意思
- 这是指罗列数据
- 从数学上讲是从整体上，一个不漏地收集数据
  - 人口普查
  - 生产报告
  - 施工进展报表

管理观念概述之二
统计和预测

统计的第二层含义：
- 统计学的涵义：对可能性的判断
- 从数学上讲
  1. 从局部反映整体-以点代面
     - 验血
     - 社会调查
     - 产品破坏性检查
  2. 从过去预测未来-概率
     - 事故发生率
     - 工期长短

管理观念概述之二
统计和预测

信息处理和信息增值
- 历史数据的罗列往往掩盖异常现象
- 罗列数据的价值不高
- 必须从罗列的数据中及时发现有用的情报（有用是一相对概念）
- 分析、对比和计算是对数据处理的主要手段
- 数据（信息）只有提供给使用者才有价值
- 信息只有在流动中才会增值

管理观念概述之二
统计和预测

信息的使用
- 信息的纵向使用-汇报
  - 异常情况
  - 综合数据
- 信息的横向使用-集成
  - 相互的支持
  - 相互的制约

管理观念概述之二
统 计 和 预 测

信息爆炸和信息缺乏
- 信息缺乏的定义：没有及时准确有用的信息
- 信息爆炸的意思是无法从繁杂的数据中及时提供有用的信息
- 在效果上信息爆炸和信息缺乏等效
- 收集信息必须有明确的目的有选择
- 严格防止信息重复,防止生成过多的报表
- 手工系统信息储存在纸上因此报表重要
- 电子系统信息储存在计算机内报表只是为了阅读,不再承担储存的任务.报表上的信息是"过时"的计算机内的信息是"实时"的

管理观念概述之二
统 计 和 预 测

编码的重要性
- 编码是信息的索引
- 编码是信息交流的基础
- 编码是信息处理的内在结构
  - 信息层次
  - 信息分类
  - 信息标准

A-01-234-8-B-0002

管理观念概述之二
统 计 和 预 测

信息的连续性
- 历史数据的搜集是为以后使用
- 信息要反映项目的变动
- 现在和过去的比较可以预示未来
- 部分项目数据将在生产上使用
  - MTO
  - 采购
  - 仓储
  - 使用（或安装）
  - 维护（包括保修）和配件
  - 置换（包括出售,租赁,转让）
  - 退役（报废）

管理观念概述之二
业 主 和 管 理

- 业主是用户
- 项目管理是专业
- 监理和业主的关系
- 咨询工作的重要业务是管理项目
- 联合工作组
- 工程师执照制度（工程师协会）

管理观念概述之二
业 主 和 管 理

业主是用户
- 业主未必懂得项目建设,也不一定需要懂得
- 业主关心的是如何使用或生产
- 管理项目和管理生产是两码事
- 业主不应该陷入项目建设
- 业主不要介入非专业工作
  - 石油化工企业搞特种运输工具
  - 建设工程公司搞财务软件
- 没有分工是低水平运作-自然经济的影子

管理观念概述之二
业 主 和 管 理

项目管理是专业
- 项目管理和生产管理是不同的专业
- 业主关心的重点是项目建设的结果,而不是项目建设本身
- 管理项目和管理生产是两码事
- 项目管理要专业化
- 项目管理和项目领导不是一码事

管理观念概述之二
业主和管理

监理和业主的关系
- 监理的作用
- 监理的位置
- 监理的来源
- 监理和承包商的关系
- 监理和业主的关系
- 监理的职业道德
- 如何提升监理的地位

管理观念概述之二
业主和管理

咨询工作的重要业务是管理工程
- 英文的咨询(Consultant)不仅仅是顾问的意思
- 国际上的咨询公司主要业务是设计、项目管理和采购
- 中国的设计院要改革
  - 不仅仅是设计
  - 绝不要单一业务
  - 要在项目管理上下工夫
  - 要在成本控制上下工夫
  - 工程监理是被动的,项目管理是主动的业务

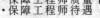

管理观念概述之二
业主和管理

联合工作组
- 业主和承包的咨询公司组成统一的工作组是国际大型项目的通常方式
- 联合工作组
  - 业主参与程度取决其相关专业力量
  - 在联合工作组内部技术专业层次不区分业主和承包的咨询公司
  - 业主通常在主要部门担任正职
  - 利益分享,风险共同承担
  - 对参与的承包商业务要求高
- 相互信任很重要

管理观念概述之二
业主和管理

工程师执照制度（工程师协会）
- 工程师执照和律师,医生及会计同等重要
- 通常在毕业后工作几年才授予
  - 考核
  - 推荐
- 工程师协会
  - 保障工程师质量
  - 保障工程师待遇

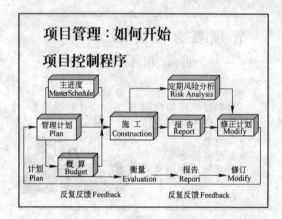

项目管理：如何开始

明确项目范围

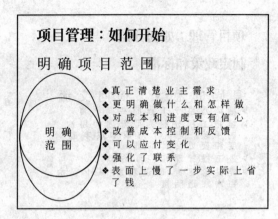

- ◆ 真正清楚业主需求
- ◆ 更明确做什么和怎样做
- ◆ 对成本和进度更有信心
- ◆ 改善成本控制和反馈
- ◆ 可以应付变化
- ◆ 强化了联系
- ◆ 表面上慢了一步实际上省了钱

明确范围

项目管理：如何开始

工程执行策略

对设计，采购，施工和投产的方针
- ◆ 业主的人员和技术能力
- ◆ 外部条件
- ◆ 业主对具体业务的介入程度
- ◆ 业主对管理的参与方式

业 主 不 做 什 么

项目管理：如何开始

组织结构和职责

- 确定组织结构
- 制定职责手册
  - 和项目分解结构配合
  - 明确任期
  - 明确责任和授权
  - 明确概算

项目管理：如何开始

组织结构和职责

	设计	土木	电机	结构	信息	概算
项目1	○	□	⬭	⬡	□	◎
项目2	○				□	◎
项目3	○				□	◎
项目4		□	⬭	⬡	□	◎
项目5			⬭	⬡		◎

矩阵结构— 充分利用资源

项目管理：如何开始

典型工程组织结构图

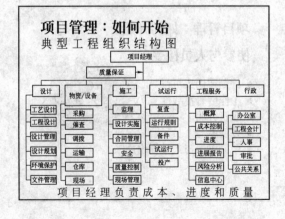

项目经理负责成本、进度和质量

项目管理：如何开始

项目控制程序

确定下列工作程序：
- ❖ 工程编码结构 (PCS)
- ❖ 进度制作程序
- ❖ 成本和概算程序
- ❖ 进展报告程序
- ❖ 风险分析程序
- ❖ 选择项目控制程序的工具

项目管理：如何开始
制定政策和标准

- ❖ 制定行政政策
  - ◆ 办公政策
  - ◆ 差旅政策
  - ◆ 报销政策
  - ◆ 人事政策
  - ◆ 招标政策
  - ◆ 公共关系政策
- ❖ 制定项目标准
  - 信息标准
  - 编码标准
  - 基本设计标准
  - 安全标准
  - 环保标准
  - 验收标准

项目管理：如何开始
制定政策和标准

编码的意义 – 横向交流
- ➢ 编码是整个工程的共同语言
- ➢ 是把工程分解为可管理的层次的手段。提供了对基本成本进度和变更估计的基础
- ➢ 是工程管理和控制的核心
- ➢ 提供信息流，改进联系，减少冗余和增加透明度

项目管理：如何开始
工程项目分解

- ➢ 将工程项目分解到可以量化的水平–工序WBS
  - ➢ 工程分解结构 Work Breakdown Structure
  - ➢ 可分成若干层 – 通常三层
  - ➢ 可估计成本，工时
  - ➢ 编码
- ➢ 将量化的工序打包– Work Package
- ➢ 将工作包归纳为合同–Contract

项目管理：如何开始
工程项目分解

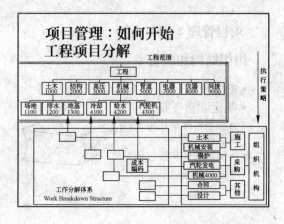

项目管理：如何开始
工程项目分解

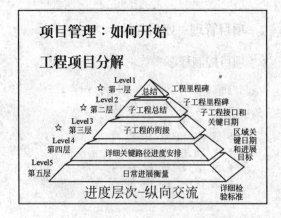

进度层次–纵向交流

项目管理：如何开始
使参与人员接受

- 计划要切实可行
- 工作要有挑战性
- 职责分明
- 要使参与人员了解情况
- 要鼓励参与人员提出反馈
- 要使参与人员明白为什么

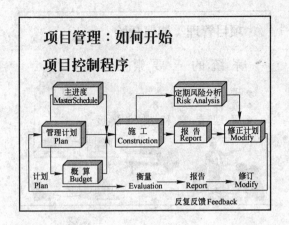

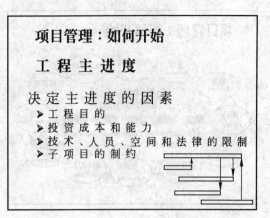

项目管理：如何开始

工程概算

- 防止偏低或偏高的方法是有详细分解
- 有独立审核
- 明确项目范围
- 进行风险分析
- 对管理有足够的概算
- 和项目执行策略密切相关

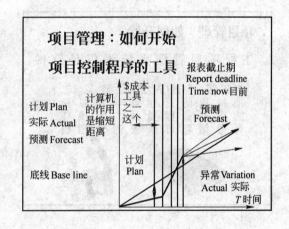

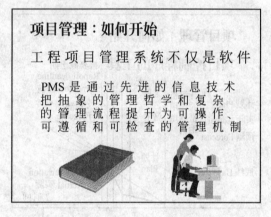
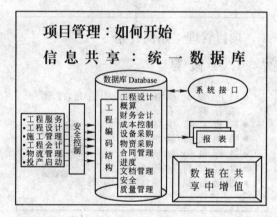

项目管理：如何开始

数据要经过处理，在流动中增值

- 防止信息爆炸
  - 罗列信息等于没有信息
  - 信息处理是把有用的信息提炼出来
- 信息的流动
  - 决策管理-纵向信息传递
  - 技术管理-横向信息传递
- 数据增值
  - 在流动中丰富信息量
  - 使用者越多信息价值越高

项目管理：如何开始

网络的目的是为了信息共享

- 纵向汇报是自古以来就有的，计算机手段使之更快，更准确，更及时
- 纵向汇报的重点是异常现象
- 横向交流是自古以来就缺乏的，一直缺少合适的手段
- 横向交流的重点：
  - 补充信息（信息增值）
  - 相互影响（化解矛盾）
- 减少一点控制，得到更高的效率

项目管理：如何开始
Convero 的特点

- 集成的系统，便于统一管理
- 管理多个工程，协调彼此关系
- 体现管理规则，不仅仅是收集数据
- 及时提供准确信息，增强投资信心
- 以功能为模块，不受组织结构变化的影响
- 可同时使用多种语言，可处理多种外币
- 界面友好，格式一致，不必记忆编码
- 通过管理上千亿美金的大小工程。包括石化提炼，天然气管道，石油平台，公路，房建，水火电力，公用事业不断完善。是管理经验的集成。 最新的版本是WEB版

项目管理：如何开始
Convero 在工程实践中不断完善

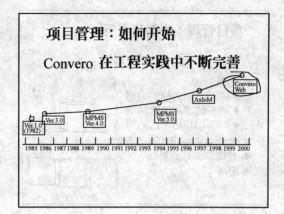

项目管理：如何开始

尽管中西方在文化、习惯和制度上有重大的差异但中西方管理交叉点是合同

合 同 的 本 质
 是对达到一个既定目标以法律形式承诺的概算、时间和质量

以合同为主线贯穿整个系统
 规范合同管理
 减少业主介入程度对系统的影响
 规范行政开支

项目管理：如何开始

FIDIC International federation of Consulting Engineers

历史简介
- 1913年在比利时成立
- 开始仅有三国：比利时，法国和瑞士
- 英国在 1949 年加入
- 美国在 1958 年加入
- 在20世纪70年代才为广泛接受
- 目前有 70 多国加入

项目管理：如何开始
FIDIC

标准的合同文本
- 土木施工合同范本（红皮书）1987
- 机电合同范本（黄皮书）1987
- 设计-建设和交钥匙合同范本（橙皮书）1995
- 施工合同范本（业主设计和建设）1999
- 机电厂房合同范本（承包商设计）1999
- EPC/交钥匙合同范本 1999
- 简单合同范本 1999
- 咨询和业主服务协议范本 （白皮书）1991
- 合资范本
- 分包协议范本

项目管理：如何开始
FIDIC

基本原则
 法律： 国际通行
 风险： 公平 – 业主，承包商，供应商
 付款： 便于控制资金流
 监理： 无倾向性仲裁

项目管理：协调和服务
讲 座 内 容

- ❖ 协调
  - ❖ 同一公司内部的协调
  - ❖ 同一城市内部的协调
  - ❖ 跨部门和跨地区的协调
- ❖ 对北美洲城市的几点介绍
- ❖ 对市政的几点看法
- ❖ 服务

项目管理：协调和服务
同一公司内部的协调

- ➤ 内部协调的困难
  - ➤ 没有固定的通报制度
  - ➤ 各有所司,工作繁忙
  - ➤ 各自为政
  - ➤ 有意封锁
  - ➤ 缺乏必要的手段
  - ➤ 由信息源决定何时向谁提供何种信息

项目管理：协调和服务
同一公司内部的协调

- ➤ 内部协调的行政措施
  - ➤ 必须制度化
  - ➤ 信息不是属于信息源的,是属于整个公司的
  - ➤ 提供信息是各部门的主要工作
  - ➤ 每周召开部门交流的短会（1h）
  - ➤ 横向交流会提高公司的效益-观念的改变

项目管理：协调和服务
同一公司内部的协调

- ➤ 内部协调的工具
  - ➤ 统一数据库是追求的目标
  - ➤ 充分利用内部互联网 (INTRANET)
  - ➤ 电子信件
  - ➤ 通报
  - ➤ 信息共享是内部协调的根本技术保障

项目管理：协调和服务
同一城市内部的协调

- ❖ 同一城市内部协调的阻力
  - ❖ 部门归口不同
  - ❖ 经济利益不同
  - ❖ 事务工作千头万绪
  - ❖ 不知道谁需要相关的信息

项目管理：协调和服务
同一城市内部的协调

- ❖ 同一城市内部协调的行政措施
  - ❖ 立法开放信息
    - ❖ 改革开放首先是对内开放
  - ❖ 把提供信息作为各部门的首要职责
    - ❖ 鼓励提供信息
  - ❖ 检查对信息的提供情况

项目管理:协调和服务
同一城市内部的协调

- 同一城市内部协调的工具
  - 利用互联网发布信息
  - 利用公共图书馆提供历史资料
  - 对影响公共秩序的项目建立强行登记制度和公开的数据库
  - 利用地理信息系统

项目管理:协调和服务
同一城市内部的协调

- 地理信息系统(GIS)
  - 电子化的地图
  - 动态的地图
  - 标准化图例
  - 图形和文字说明连接,可以分别从图形和文字查询
  - 可以按内容分层
  - 可以从不同角度和深度观察
  - 信息储存在集成的数据库,所有授权的用户可以异地查询

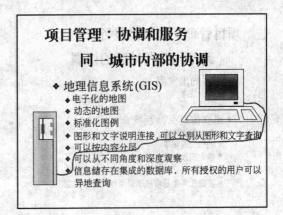

项目管理:协调和服务
同一城市内部的协调

- 地理信息系统(GIS)

公路
铁路
住宅

项目管理:协调和服务
同一城市内部的协调

- 地理信息系统(GIS)

聚焦

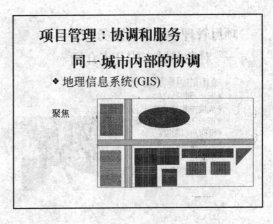

项目管理:协调和服务
同一城市内部的协调

- 地理信息系统(GIS)

东街口
东西:长安大道,双线
南北:鼓东路,单线
设备:交通信号灯
      监视电视镜头
      雷达测速仪
上次施工完成日期:
1999年3月31日

再聚焦 信息

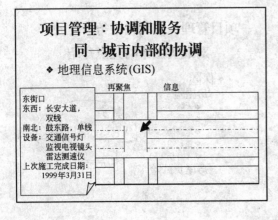

项目管理:协调和服务
同一城市内部的协调

- 如何使用GIS克服马路安拉链的弊病
  - 强制登记影响公共秩序的项目
    - 拟定的施工日期、地点、深度、完工日期
    - 预算
    - 施工招标文件
  - 根据既定的规则,在GIS上标示
    - 协调相近期间的施工
    - 通报相关部门
    - 施工部门必须提出在规定期间于其他部门施工的协调方案
  - 在规定期间内重复施工将付干扰费

项目管理：协调和服务
跨部门和跨地区的协调

- 协调的出发点
  - 减少成本
  - 提供方便
- 建立信息交换制度
  - 确定交换内容
  - 确定交换频率
  - 确定交换对象
- 建立公共关系部门
  - 首要任务是寻求施工对当地的社会效益

项目管理：协调和服务
对北美城市的几点介绍

- 城市的组织和变化
- 房地产税
- 准法律Codes
- 保险
- 房主的权力和责任
- 绿化和美化
- 学校，图书馆和街头公园
- 医院和卫生所
- 垃圾和回收

项目管理：协调和服务
对北美城市的几点介绍

- 城市的组织和变化
  - 城市不包括农村
  - 大城市和卫星城无行政隶属关系
  - 市长不是省长的下级
  - 没有户口制度
  - 卫星城以居住为主
  - 中心城市以商业为主
  - 卫星城近年有合并的趋势

项目管理：协调和服务
对北美城市的几点介绍

- 房地产税
  - 购买房地产时付税有限
  - 房主需要每年付房地产税
  - 房地产税根据土地面积，房屋价格，用途和位置决定
  - 房地产税包括公共交通和学校的费用
  - 通常每过几年调整一次
  - 房主的主要住房在出售时不付增值税(一生一次)

项目管理：协调和服务
对北美城市的几点介绍

- 准法律Codes
  - 准法律是各市对建筑物相当详细的规定，在该城市具有和法律条款相同的效力
  - 对各区域建筑物的种类规定
  - 对建筑物材料的规定
  - 对施工的规定
  - 对便道，管道，电缆，草地，树木的规定
  - 对未开发土地的规定
  - 是完全因地制宜的规定

项目管理：协调和服务
对北美城市的几点介绍

- 保险
  - 房屋险
    - 火险
    - 水险
    - 地震险
    - 盗窃险
    - 人身伤害险
  - 房屋贷款险

项目管理：协调和服务
对北美城市的几点介绍

- 房主的权力和责任
  - 房主拥有土地
  - 没有房主同意，任何人无权进入（法庭决定例外）
  - 房主必须保持房屋外面的清洁和美观
  - 对房屋结构的任何修改必须事前取得市政府的标准
  - 对在开放的所有地发生的事故承担责任

项目管理：协调和服务
对北美城市的几点介绍

- 绿化和美化
  - 通常按规定独立房屋周围的草坪由开发商负责
  - 居民必须维护自家的草坪
  - 植树是房屋拥有者的事
  - 保护古城外观
  - 政府负责清理街道和清扫积雪
  - 居民区不得进行商业活动，但居民周末可以在自家车库门前举行旧物拍卖（非商业性）

项目管理：协调和服务
对北美城市的几点介绍

- 学校,图书馆和街头公园
  - 学校,图书馆和街头公园属于社区
  - 图书馆和街头公园对居民免费开放
  - 中小学免费（包括学费,书本费和可能的交通费）
  - 学校的设施开放给居民举行活动（节日，群众表演，展览等）
  - 学校的体育馆和游泳池对当地居民开放，仅收取成本费

项目管理：协调和服务
对北美城市的几点介绍

- 医院和卫生所（加拿大）
  - 医院和医生
  - 政府的卫生所
  - 私立卫生所
  - 公费医疗
  - 医疗保险
  - 社区服务
  - 牙医
  - 对美国医疗费用的一点说明

项目管理：协调和服务
对北美城市的几点介绍

- 垃圾和回收
  - 垃圾每周收集一到两次,废物和可回收物品必须分开
  - 啤酒，汽水的玻璃，塑料和铝制容器根据法律必须回收。在出售时必须向顾客收取押金
  - 垃圾倾倒处进行科学处理,在充填完成之后,通常可建立大型购物中心
  - 垃圾倾倒处的选定必须考虑对地下水的污染
  - 生化处理有机垃圾是目前的趋势

项目管理：协调和服务
对市政的几个看法

- 交叉路口 - 圆环
- 交叉路口 - 左转弯
- 高速公路 – 接口
- 高速公路 – 收费
- 火车站 – 和汽车的接口
- 草地
- 建筑的象征性
- 城市的特色
- 前瞻性

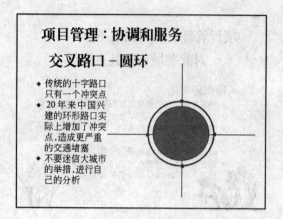
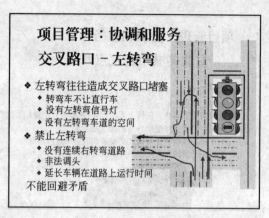
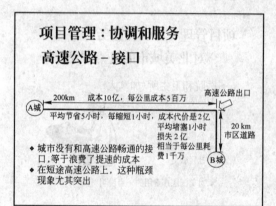
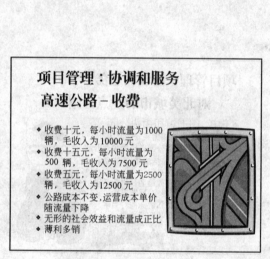
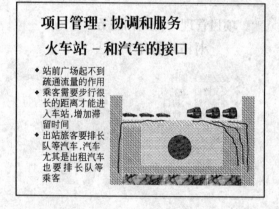
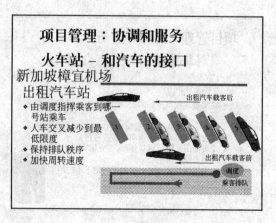

项目管理：协调和服务
草地

- 草地消耗大量化肥和水，需要大批人工护理，产生很少的氧气，在雨量充沛地区往往造成富养污染
- 北美洲由于人口少，草地可以开放
- 在干旱季节，市政府的首要节水措施是限制浇草地
- 中国城市人口高度密集，公共活动空间极为有限
- 植树成本低，树木提供氧气，吸收杂音，而且仍旧提供活动空间

项目管理：协调和服务
建筑的象征性

- 建筑物必然带有时代特征
- 楼房的价值主要在于使用（北京西客站）
- 不能把楼房按塑像设计，不应刻意追求象征性（北京海关大楼）
- 美观不能凌驾于实用（水磨花岗岩车道，楼梯）
- 采光和风景（玻璃顶）

项目管理：协调和服务
城市的特色

- 现代化不是特色
- 高楼大厦不是美观
- 古迹的价值在于是真的
- 要区别游客
    - 本地
    - 外地
    - 国际
- 尊重自己，切忌抄袭

项目管理：协调和服务
前瞻性

- 规划
    - 调查
    - 协调
    - 分阶段
- 防止超前
    - 公共场所：街头花园，商业广场
    - 喷泉和雕像
- 因地制宜

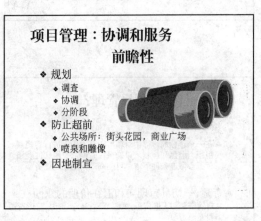

项目管理：协调和服务
服务

- 市政的根本目的是提供服务
    - 居住，环保，绿化，公园
    - 商业和娱乐
    - 交通，电讯，邮政
    - 学校，图书馆，文化，体育，医院，养老院
    - 消防，防洪，防地震，防危险品，卫生
    - 水，电，天然气，煤气，供热，污水，垃圾

项目管理：协调和服务
服务

- 市政的社会效益永远大于直接收费
    - 交通 — 商业
    - 卫生 — 损失
    - 环保 — 污染
    - 教育 — 发展

27

项目管理核心理念与国际工程项目管理

尤拔明

典型的项目阶段中的过程

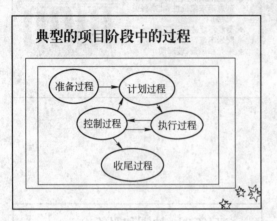

典型项目管理阶段关系

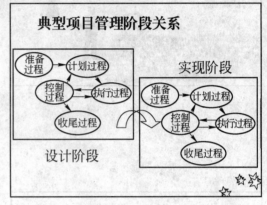

什么是项目管理?

- 定义:
  - 在一个连续的过程中对项目所有方面所进行的规划、组织、监测和控制,以确保在时间、费用和性能指标三项限制条件下,尽可能高效率地完成任务
- 资源:一切具有现实和潜在价值的东西
  - 自然资源和人造资源,内部资源和外部资源,有形资源和无形资源
  - 人力和人才、材料、机械、资金、信息、科学技术及市场等
- 项目管理作为方法和手段,也是资源

项目管理的基本特征

- 项目管理的主体是项目管理者
- 项目管理的客体涉及到项目的工作范围,既项目生命周期内的全部工作任务
- 项目管理的目的是要实现项目的目标,即最终要提供符合客户需求的产品或服务。管理本身并不是目的,而是实现目的的手段
- 项目管理的职能大致可概括为计划、组织、指挥、协调和控制。离开了这些职能,项目不可能有效地运转,管理的目标也不可能实现

项目管理与项目目标的关系

项目管理的内容

- 项目范围管理:是为了实现项目的目标对项目的工作内容进行控制的管理过程。包括范围的界定、范围的规划、范围的调整等
- 项目时间管理:是为了确保项目最终能按时完成的一系列管理过程。包括具体活动的界定、活动的排序、时间估计、进度安排以及时间控制等项工作
- 项目质量管理:是为了确保项目达到客户所规定的质量要求而实施的一系列管理过程。包括质量规划、质量控制、质量保证等

项目管理的内容

- 项目费用管理：是为了保证完成项目的实际成本、费用不超过预算成本、费用的管理过程。包括资源的配置，成本、费用的预算以及费用的控制等项工作
- 人力资源管理：是为了保证所有项目关系人的能力和积极性都得到有效地发挥和利用所做的一系列管理措施。包括组织的规划、团队的建设、人员的选聘和培训以及项目的班子建设等一系列工作

项目管理的内容

- 项目风险管理：涉及项目可能遇到的各种不确定因素，为了将它们有利的方面尽量扩大并加以利用，而将其不利方面所带来的后果降低到最低程度，需要采取一系列的风险管理措施。包括风险识别、风险量化、制定对策和风险控制等
- 项目沟通：是为了确保项目信息的合理收集、传输和利用而实施的一系列措施。包括沟通规划、信息传输、进度报告等

项目管理的内容

- 项目采购管理：是为了从项目实施组织之外获得所需要的货物和服务而采取的一系列管理措施。包括采购计划、采购与征购、资源选择以及合同管理等工作
- 项目交接管理：是为了避免项目交接过程中出现好项目差效益、高投入低收益的局面而采取的一系列措施。包括项目目标的再评估、操作人员的培训、机构的设置和工艺流程的设计等工作

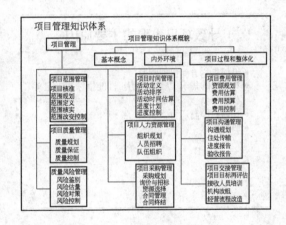

PMBOK可从如下站点下载
Project Management Institute
http://:www.pmi.org
国际项目管理协会
IPMA（International Project Management Association）
http://www.ipma.ch

项目开始之前的准备工作

- 明确地确定项目目标
- 根据项目的工作范围将项目划分为若干个子项目或项目包（WBS）
- 确定完成每个子项目的具体活动
- 用项目网络图来描述活动，以表明各种活动之间的相关性
- 进行时间估计，规定完成每项活动的基准时间，以控制进度，确保项目在客户所要求的时间内完成

项目开始之前的准备工作

- 进行成本估计，预计完成每项活动所需的资源和成本，各项活动成本预算的总和就是项目的总成本预算
- 项目计划书：决定着项目该怎么做，由谁去做，耗费多少资源、成本，什么时间开始，什么时间结束，需要多少时间

项目成功的标准

- 达到预定的项目目标（费用、工期、质量、安全和其他性能指标）
- 满足用户的要求（最后交付的产品是否能得到很好的使用？是能力过剩、不适用还是完全不能使用？）

导致项目失败的主要原因

- 组织机构方面出现问题
- 对用户的需求理解不确切，性能指标要求定义不恰当
- 计划和控制不力
- 估算错误

为什么项目管理如此流行

- 通过项目管理可以避免大型复杂工程的失误
- 是面向成果的(关注任务的完成)
- 是基于团队协调作战的
- 是通过有效地借助外部资源降低成本的
- 是柔性的(始终在变化的)

项目管理带来的效果

- 时间：缩短10%到30%
- 成本：降低5%以上
- 提高资源有效利用率

项目管理效益统计实例

- 香港机场副总指挥称，由于没有应用项目管理的最新技术，香港机场建设多花40亿港币 (1999)
- 鲁布革水电站是利用世界银行贷款的项目，1984年在国内首先采用国际招标，实施项目管理，缩短了工期，降低了造价，取得了明显的经济效益
- 北极星导弹研制计划从6年缩短到4年 (1962)
- 英国：一个10亿英镑的电讯项目，每延误1个月,罚金100万英镑

项目管理现状

- IT项目管理现状
  1994年，Standish Group 对于IT 8400个项目（投资250亿美元）的研究结果：
  - 项目实现其目标　　16%
  - 项目需要补救　　　50%
  - 彻底失败　　　　　34%

项目管理现状

- 统计分析结果
  - 项目总平均预算超出量为90%，进度超出量为120%
  - 项目总数的33%既超出预算，又推迟进度
  - 在超出预算的项目中，52.7% 的项目费用是原估算的189%以上
  - 在大公司，只有9% 的项目按预算，按进度完成

项目管理现状

- 其他行业的综合调查
  - 调查者：Dr.Frame，美国项目管理协会成员
  - 时间：1997
  - 调查范围：438 位项目工作人员（制药、建筑、化工等）

项目管理现状

- 最近参与的项目费用执行情况：
  - 严重费用超支　　　17%
  - 一定程度费用超支　38%
  - 完全按预算执行　　27%
  - 一定程度费用节余　12%
  - 大量费用节余　　　6%

项目管理现状

- 最近参与的项目满足预期规范程度
  - 未达到要求　　　　　29%
  - 达到规范要求　　　　51%
  - 实际执行超出规范要求　20%

项目管理现状

- 最近参与的项目满足进度要求程度
  - 严重拖期　　　35%
  - 一定程度拖期　34%
  - 按时完成　　　22%
  - 一定程度提前　8%
  - 大量提前　　　1%

内容提要

- 项目、项目管理
- 项目管理的组织结构
- 项目经理的责任
- 国际工程项目管理
- 项目范围管理
- 项目风险管理
- 组织中的项目管理
- 新项目管理

项目、项目管理和项目管理的现状

为什么要学习项目管理?

- 市场竞争是现代项目管理的原动力
- 项目管理是管理理念和管理模式的革新
- 大量投资要通过项目来实现
- 我国经济融入全球市场,使我们对项目管理的需求更加迫切

什么是项目?

- 由一系列具有开始和结束日期、相互协调和控制的活动组成的,通过实施而达到满足时间、费用和资源等约束条件目标的独特的过程 (ISO 10006)
- 项目是为完成某一独特的产品、服务或任务所做的一次性努力 (PMI)

什么是项目?

注1:一个单个项目可以是一个大项目结构的组成部分(子项目)
注2:对某些类型的项目,项目的目标和产品特性要随项目的进展逐步精确和确定
注3:一个项目的结果可以是一个或几个项目产品
注4:组织是临时的,并且只存在于项目寿命期内
注5:项目活动之间的相互关系可能是复杂的

什么是项目?

- 项目基本属性
  - 一次性

  有明确的起点和终点,没有完全可以照搬的先例,将来也不会有完全相同的重复
  - 独特性

  时间和地点、内部和外部环境、自然和社会条件的差别,使每个项目都是一种富有创造性和挑战性的工作任务
  - 目标的确定性

  目标必须有确定的终点,其终点的涵义不仅指时间目标,也包括成果性目标、约束性目标,以及其他需要满足的条件

什么是项目？

- 项目基本属性：
  - 组织的临时性和开放性

项目组织的边界是弹性的、模糊的和开放的(通过合同、协议及其他的社会联系组合在一起)

  - 成果的不可挽回性

由于个人和组织的资源有限，一旦失败就永远失去了重新实施原项目的机会

项目利益相关者(项目干系人)

- 在供方组织及其运作环境中工作中具有共同利益的个人或群体。（ISO 1006）包括：
  - 项目经理：负责项目管理的个人
  - 顾客：使用项目成果的个人或组织；顾客可能是多层次的
  - 消费者：如项目产品的一个使用者
  - 业主：如发起该项目的组织
  - 合伙人：如合资企业的项目合作者

项目利益相关者

- 提供资金者：如金融机构
- 承包商：为项目组织提供产品的组织
- 社会：如司法或执法机构和广大公众
- 内部人员：如项目组织的成员

注：利益相关者间的利益可能会有冲突

项目当事人之间的关系

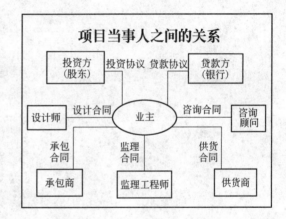

项目的生命期和阶段性

- 一个项目是一个过程
- 该过程可以划分为许多互相依赖的子过程。以一种有序的和循序渐进的方法（在某些情况下）完成子过程序列
- 可能要求将子过程划分为阶段。对负责项目的组织来说，"划分阶段"提供了一种监控目标实现和评定相关风险的方法，以逐步实现承诺
- 在项目寿命期内可能会出现严重的阶段重迭

典型的项目生命期资源投入模式

典型的项目生命期资源投入模式

（起动阶段 — 中间阶段 — 收尾阶段）
资源投入水平 / 开始 — 时间 — 结束

项目的生命期

- **项目启动阶段**：确定项目的需求和目标；估计所需投资；确定项目组织的关键成员
- **项目计划阶段**：项目组织方式的确定；项目的基本预算和进度的制定；项目可行性研究和分析；为项目的执行做准备
- **项目执行阶段**：实施项目
- **项目收尾阶段**：评价、总结项目目标的完成程度；进行交接

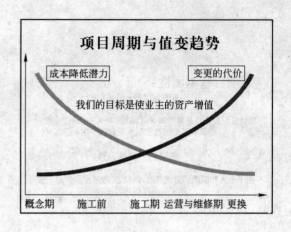

项目周期与值变趋势

成本降低潜力　　变更的代价

我们的目标是使业主的资产增值

概念期　施工前　施工期　运营与维修期　更换

项目管理的职责

项目经理的授权

- 授权就是为实现项目目标而给项目团队赋予权力，也是给团队成员赋予权力，使他们在自己的职责范围内完成项目的预期任务
- 授权的含义不仅是指给项目团队的具体成员分配任务，还包括给予团队成员完成工作目标的责任，给予他们为取得预期结果的决策权、采取行动的权力以及对他们取得这些结果的信任

项目经理的授权

- 项目的授权是基于对项目工作的充分理解和对每一个人的能力、潜力以及工作量的充分了解之上的
- 授权要明确每项工作的具体内容以及对这项工作的期望结果

有效授权的障碍

- 项目经理想要亲自完成这项任务，或者他(她)认为自己会做得更好，完成得更快
- 项目经理不太信任其他人完成工作的能力
- 项目经理害怕他(她)会对工作失去控制，无法了解情况
- 项目成员会因犯错误而受到指责，或是缺乏自信心

简单规则

- 分配子项目、委托部分工程、活动时对此负责的成员应得到授权，有权使用相关资源
- 授权，避免以后出现组员在工作中相互"多管闲事"的现象
- 尽可能将权力下放到最低层，利用你对下属的了解，选择有潜力完成委托工作的人
- 人会从错误中吸取教训，而且人需要充分的自由去犯错误
- 使反馈成为一种定期的日常工作：被授权人报告进度或问题，而你必须做好指导或者在必要时鼓舞信心，表扬已取得的阶段性成功

授权程度	调查问题，告诉我所有的情况，我会决定做什么、怎样做
最低授权度 ↓ 最高授权度	调查问题，告诉我可行的其他方案并推荐一种，我会进行评价并做出决定
	调查问题，告诉我你会采取的行动，如果我不反对，就执行
	调查问题并采取行动，让我知道你是怎样做的
	调查问题并采取行动，是否向我报告由你决定

授权测量表

向有成效的项目经理迈进

- 获取经验
- 寻求别人的反应
- 自我批评，总结、改正错误
- 与一些有你想学习的技能的项目经理进行探讨
- 参加培训项目
- 参加组织团体
- 阅读
- 参加自愿活动

出色的项目管理人

- 领导力——成功的项目经理不可缺少的能力
- 良好的沟通能力
- 一流的人际交流能力
- 处理压力，应因变局的能力
- 出色的学习能力
- 给他人学习和发展的良机

有效时间管理的方法

- 每个周末确定下周的目标。把目标以重要性(注意不是紧迫性)列出来。
- 每天结束时，把第2天要做的事情列成表。这些列出的事情有助于实现本周的目标。
- 集中精力完成每天的工作日程表
- 控制干扰，不要让电话、电子邮件或随意走进来的来访者打扰你的工作

有效时间管理的方法

- 学会说"不"，不要参加那些既浪费时间又对完成目标没有意义的活动
- 有效利用等待时间
- 尽量一次处理大部分文件工作
- 自我奖励

高效率的项目团队具有的特点

- 对项目目标的清晰理解
- 对每位成员角色和职责的明确期望
- 目标导向
- 高度的合作互助
- 高度的信任感

团队有效工作的障碍

- 目标不明确
- 角色和职责不明确
- 项目的结构不健全
- 缺乏敬业精神
- 缺乏沟通
- 领导工作不力
- 项目组人员的流动

项目管理的组织结构

组织规划

- 确定和分配项目角色、责任和通报或报告关系

- 角色和责任可以分配给个人或集体。他们可以属于项目实施组织内部（即该组织的雇员），也可以来自外部（顾客、咨询公司、承包商等）

组织规划的依据

- 项目的内外联系
  - 组织联系：不同组织之间的通报或报告关系
  - 技术联系：不同技术专业之间的通报关系
  - 个人关系：同一项目上工作的不同个人之间的通报或报告关系
- 人员配备要求：用人部门需要何种技能？需要何种个人或集体？何时需要？需要多少？
- 限制和制约：如项目班子的偏好与习惯，合作的对象等

组织规划的成果

- 角色和责任的分配

- 组织结构图

37

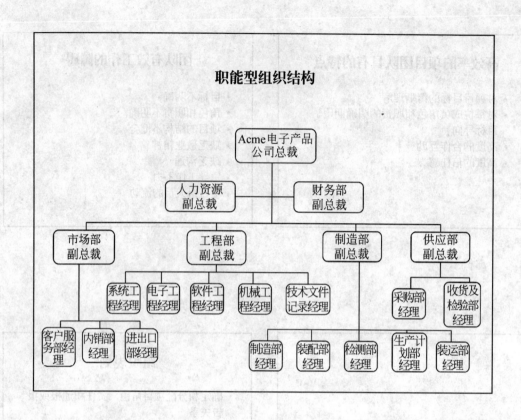

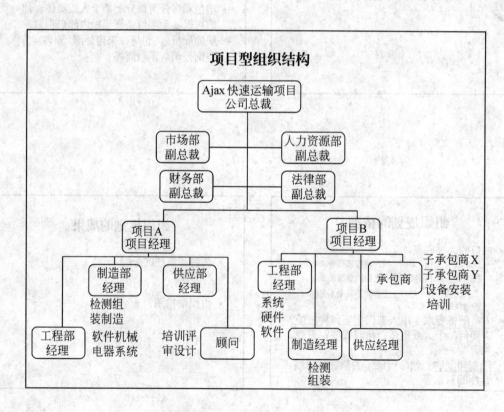

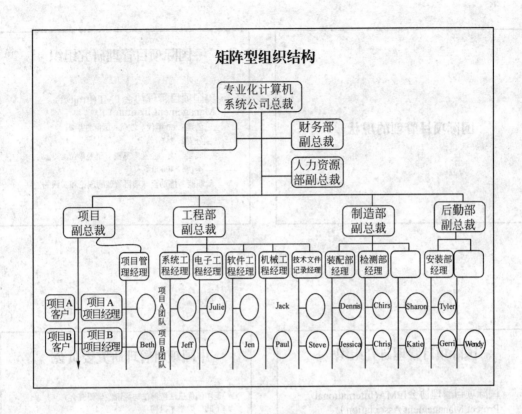

辅 助 说 明

- 组织影响评价：说明如果以这种方式为本项目配备人力的话，项目实施组织的工作将受到何种影响
- 工作说明：按工作岗位逐一说明在该项目工作需要的技能、应负的责任、需要的知识、权限、物质环境以及本岗位的其他特点
- 培训要求：如待分派的人员不具备项目所需要的技能，则有必要对他们进行培训

国际项目管理的现状

国际项目管理研究组织

- 美国项目管理协会 PMI (Project Management Institute)
  - 创建：60年代，性质：国际性组织
  - 分支：245个
  - 成员：大中企业、高校、研究单位
  - 会员：40000多人
  - 职能：推动全球项目管理的理论和实践的发展

国际项目管理研究组织

- 国际项目管理协会IPMA(International Project Management Association)
  - 创建：1965，性质：非盈利的国际性组织
  - 成员：国家级项目管理协会，29国家
  - 职能：促进国际间项目管理发展
  - 产品和服务：研究和发展，教育与培训，标准和资格认证
  - web: http://www.ipma.ch

中国项目管理研究委员会

- 是中国优选法统筹法与经济数学研究会下的二级学术机构
- 挂靠在西北工业大学
- 从事项目管理的研究和开发，推动中国项目管理的理论和实践的发展
- 出版物：《项目管理》

项目管理研究方向

- 项目管理的知识体系
  - PMBOK (Project Management Body of Knowledge)，由PMI完成
  - ICB (IPMA Competence Baseline)，由IPMA完成
  - BOK (Body of Knowledge)，由英国项目管理协会研制

项目管理研究方向

- 项目管理专业人员的资格认证
  - IPMA 四级证书计划
  - PMI 项目管理专业人员资格认证 (PMP)
  - 英国三级项目管理认证
  - 澳大利亚6级项目管理认证

项目管理研究方向

- 项目管理的普及和应用
  - 培训和会议广泛交流、促进
  - IPMA最近5次学术会议内容
    - 1994: 动态领导关系
    - 1996: 团队和任务平衡调整
    - 1998: 启动战略
    - 2000: 全球项目管理
    - 2002: 做可视化的工作

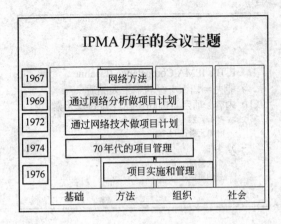

IPMA 历年的会议主题

年份	主题
1967	网络方法
1969	通过网络分析做项目计划
1972	通过网络技术做项目计划
1974	70年代的项目管理
1976	项目实施和管理

基础　方法　组织　社会

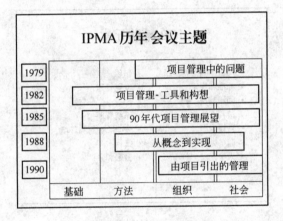

IPMA 历年会议主题

年份	主题
1979	项目管理中的问题
1982	项目管理-工具和构想
1985	90年代项目管理展望
1988	从概念到实现
1990	由项目引出的管理

基础　方法　组织　社会

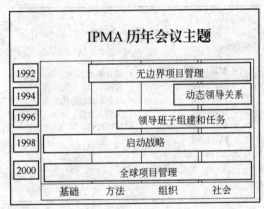

IPMA 历年会议主题

年份	主题
1992	无边界项目管理
1994	动态领导关系
1996	领导班子组建和任务
1998	启动战略
2000	全球项目管理

基础　方法　组织　社会

项目管理知识体系

- PMI 项目管理知识体系
- 英国项目管理知识体系
- IPMA 能力基准
- 项目管理国际标准

英国项目管理知识体系

- 总则
- 战略
- 控制
- 技术
- 商务
- 组织
- 人

IPMA 能力基准

- ICB：IPMA Competence Baseline
- 能力＝知识＋经验＋个人品质
- 内容：项目管理知识和经验的42元素
  - 核心元素：28个
  - 附加元素：14个
- 分类：
  - 个人素质：8
  - 总的属性：10

ICB 核心元素

- 项目与项目管理
- 项目管理实施
- 面向公司级的项目管理
- 系统方法和集成
- 项目范围
- 项目阶段和生命期
- 项目开发和批准
- 项目目标和战略
- 项目成功和失败的判断标准
- 项目启动
- 项目收尾
- 项目结构
- 内容，范围
- 时间进度
- 资源
- 项目成本和融资

ICB 核心元素

- 配置和变更
- 项目风险
- 执行度量
- 项目控制
- 信息、文档、报告
- 项目组织
- 工作组
- 领导关系
- 沟通
- 冲突和面临危机
- 采购，合同
- 项目质量

ICB 辅助元素

- 项目中的信息科学
- 标准和规定
- 问题解决
- 谈判，会议
- 常设组织
- 商务处理
- 人事开发
- 组织
- 变更管理
- 市场、产品管理
- 系统管理
- 安全、健康和环境
- 法律
- 金融和会计

项目管理国际标准

- ISO 10006 项目管理质量标准
- ISO 10006 是 ISO 9000 家族成员
- 颁布日期：1997/12/15

项目管理国际标准

- ISO 10006目录
  1. 范围
  2. 引用标准
  3. 定义
  4. 项目特征
  4.1 总则
  4.2 项目管理
  4.3 组织
  4.4 项目阶段和项目过程

项目管理国际标准

- 5. 项目管理过程的质量
  - 5.1 总则
  - 5.2 战略过程
  - 5.3 依赖性管理过程
  - 5.4 与范围有关的过程
  - 5.5 与时间有关的过程
  - 5.6 与成本有关的过程
  - 5.7 与资源有关的过程

项目管理国际标准

  - 5.8 与人员有关的过程
  - 5.9 与沟通有关的过程
  - 5.10 与风险有关的过程
  - 5.11 与采购有关的过程
- 6. 总结项目经验

项目管理资格认证

- IPMA 四级证书计划
  - A 级 (Certificated Program Director)
    CPD 工程主任证书——总经理级
  - B 级 (Certificated Project Manager)
    CPM 项目经理证书
  - C 级 (Registered Project Management Professional)
    PMP 注册项目管理工程师
  - D 级 (Project Management Practitioner)
    PMF 项目管理技术员

项目管理资格认证

- PMI 的 PMP (Project Management Professional)
  - 开始：1984
  - 考试过程：
    - 项目管理经验审查
    - 200 个问题的考试
  - 已经取得资质证书人数：8000 多人
  - 我国已经开始认证工作

为什么项目管理如此流行

- 是面向成果的（关注任务的完成）
- 是基于团队协调作战的
- 是通过有效地借助外部资源降低成本的
- 是柔性的（始终在变化的）

提高我国项目管理水平

- 普及：提高全民，特别是领导干部对于项目管理的最新成就、理论、方法的认识
- 专业队伍建设：项目管理专业人员的培养，资格认证
- 组织保障体系保障：机构，学位
- 采用项目管理的现代工具

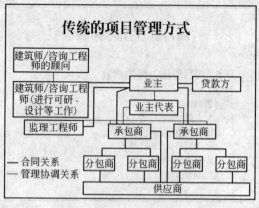
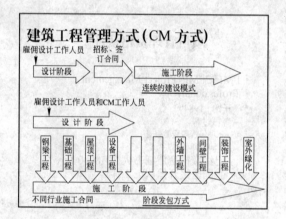
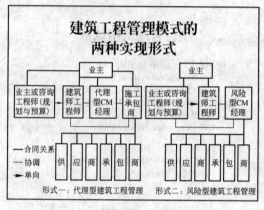
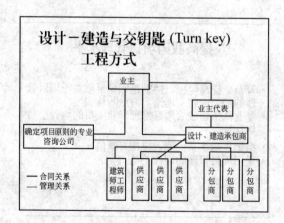
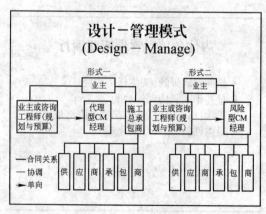

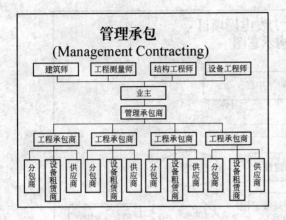

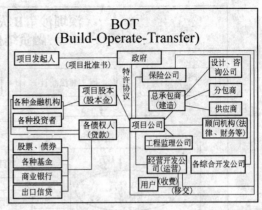

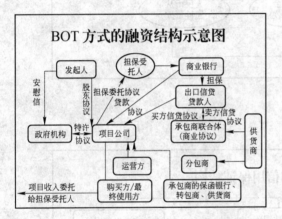

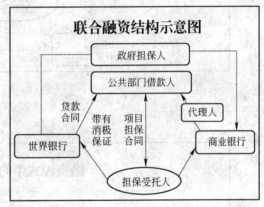

深圳沙角B火力发电厂项目融资案例

·项目背景

- 广东省沙角火力发电厂B处（也称为"深圳沙角B电厂"）于1984年签署盒子协议，1986年完成融资安排并动工兴建，并在1988年建成投入使用。深圳沙角B电厂的总装机容量为70万kW，由两台35万kW发电机组成。项目总投资为42亿港币（合5.4亿美元，按1986年汇率计算），被认为是中国最早的一个有限追索的项目融资案例，也是事实上在中国第一次使用BOT融资概念兴建的基础设施项目。深圳沙角B电厂的融资安排，是我国企业在国际市场举债开始走向成熟的一个标志。

45

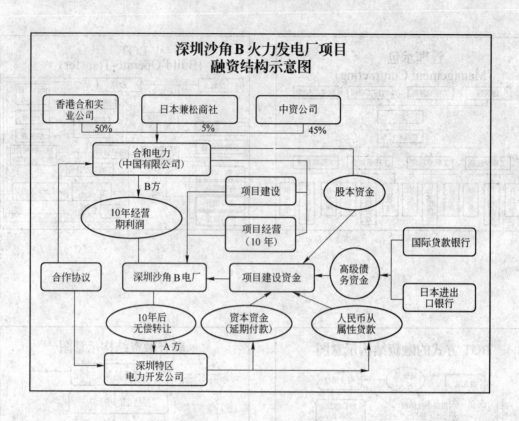
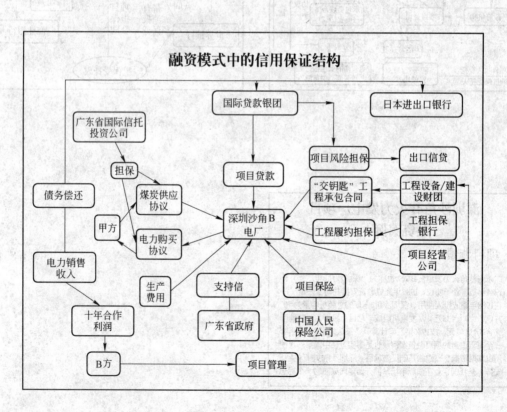

深圳沙角B电厂的融资模式（一）

- 股本资金
  股本资金/股东从属性贷款(3.0亿港元)
  3850万美元
  人民币延期付款(5 334万人民币)
  1670万美元
- 债务资金（一）
  A方的人民币贷款（从属性项目贷款）
  (2.95亿人民币)
  9240万美元

深圳沙角B电厂的融资模式（二）

- 债务资金（二）
  固定利率日元出口　26140万美元
  信贷(4.96兆亿日元)
- 日本进出口银行
  欧洲日元贷款(105.61亿日元)
  5560万美元
  港币贷款(5.86亿港币)　7500万美元
- 资金总计　　　　　　　53960万美元

融资模式中的信用保证结构（一）

- A方的电力购买协议
- A方的煤炭供应协议
- 广东省国际信托投资公司为A方的电力购买协议和煤炭供应协议所提供的担保
- 广东省政府为上述三项安排所出具的支持信

融资模式中的信用保证结构（二）

- 设备供应及工程承包财团所提供的"交钥匙"工程建设合约，以及为其提供担保的银行所安排的履约担保，构成了项目的完工担保，排除了项目融资贷款银团对项目完工风险的顾虑。
- 中国人民保险公司安排的项目保险

A方主要承担的义务

- 提供项目使用的土地、工厂的操作人员，以及优惠的税收政策；
- 为项目提供一个具有"供货或付款"(Supply or Pay)性质的煤炭供应协议；
- 为项目提供一个具有"提货与付款"(Take or Pay)性质的电力购买协议；
- 为B方提供一个具有"资金缺额担保"性质的贷款协议，同意在一定条件下，如果项目支出大于项目收入则为B方提供一定数额的贷款

对中国承包商从事国际承包工程的几点建议

1.0 选择合适的当地代理
- 某些国家的法律要求外国公司必须和当地代理公司合作
- 当地公司的本地知识和各种关系对合同谈判、争端解决和合同索赔等非常有用
- 能提供有关材料、设备采购，劳动力和税务等方面的信息
- 像选择妻子一样选择合作伙伴

对中国承包商从事国际承包工程的几点建议

2.0 材料和设备的供应
- 材料价格在很大程度上决定了成本
- 材料、设备不能按时运达可能影响工期,造成延期赔付
- 材料质量不合格可能造成质量赔付

对中国承包商从事国际承包工程的几点建议

- **3.0 和合作伙伴的关系**
- 承包商和工程师的关系
- 承包商和分包商的关系
- 承包商和合资公司的关系
- 问题与办法

文化差异

- 个人与集体
- 权力的集中程度
- 对待风险的态度
- 阳性/阴性
- 相互了解,建立多元化背景的项目

风险分析和风险管理

- 由于以下一些原因,国际工程项目是高风险项目:

项目的独特性
设计变更、材料和设备的采购
所在国政治、经济环境
国家政策的连续性
承包商的能力和效益
气候
汇率、通货膨胀、贸易条款等

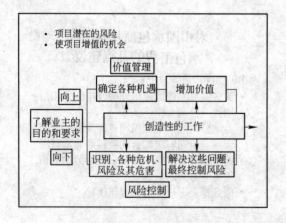

- 项目潜在的风险
- 使项目增值的机会

索赔和纠纷

- 延误工期的原因是多方面的:

承包商
业主
分包商
环境

- 索赔的程序
- 尽量避免打官司,因为旷日持久的法律程序只能让律师赚钱

项目计划书

- 项目许可证和项目章程
- 拟采用的项目管理方法
- 项目范围说明
- 项目工作分解结构
- 项目费用估计
- 计划开始的时间以及责任的分配
- 项目进展的主要里程碑
- 人员安排计划
- 业绩考核和评价制度
- 项目的主要风险
- 未解决的问题和尚不能做出的决策

项目范围管理

- 项目规划：
  预测未来，确定要达到的目标，估计会碰到的问题，并提出实现目标、解决问题的有效方案、措施和手段的过程
- 包括六个步骤：
  确定项目目标；明确前提条件和依据；寻找实现项目目标的各种可行方案；对方案进行评估；确定方案和写出项目计划书

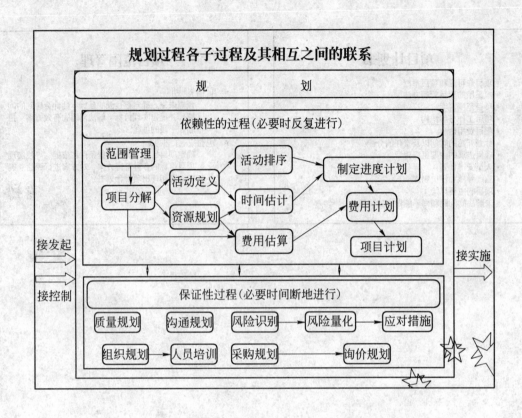

范围规划的成果

- 范围说明书

  项目合理性说明
  可以交付的成果清单

  如电脑程序、用户手册、交互式教学程序等

  项目目标

  目标要能量化(让业主满意,T、C、Q)

- 范围管理计划

  说明如何管理项目范围以及如何将变更纳入到项目的范围之内。它是项目计划书的一部分

范围管理的工具和技术

- 成果分析,如:VE
- 成本效益分析
- 项目方案识别技术:实现项目目标方案的所有技术。如:头脑风暴法
- 领域专家:请领域专家对各种方案进行评价
- 项目结构分解

头脑风暴法(Brain Storming)

- 从20世纪50年代开始流行
- 常用在决策的早期阶段,以解决组织中的新问题或重大问题
- 头脑风暴法一般只用于产生方案,而不进行决策

主持头脑风暴法的召集人应该具备下列条件

(1) 了解召集的目的;
(2) 掌握脑力激荡法的原则;
(3) 善于引导大家思考和发表观点;
(4) 自己不发表倾向性观点;
(5) 善于阻止相互间的评价和批评

头脑风暴法的具体操作方法

- 召集有关人员
  参加的人员可以是同一行业的专家,也可以是不同行业的人员,甚至可以是毫不相关的人员。人数在7~10人之间为好
- 选择一个合格的召集人

头脑风暴法的具体操作方法

- 选择一个舒适的地点,该地点应该具备下列条件:
  (1) 一间温度适宜、安静、光线柔和的办公室或会议室;
  (2) 严禁电话或来人干扰;
  (3) 有一台性能良好的录音机;
  (4) 有一块白板或白纸夹板,以及相应的书写工具

头脑风暴法的具体操作方法

- 召集人宣布会议开始
  召集人在会议开始时要讲清目的、拟解决的问题、会议规则(如相互之间不评论等等)。在开始发表意见前,再让每个人考虑10min

在采用头脑风暴法应注意以下几点

(1) 尽可能使每个人把各种方案讲出来，不管这个方案听起来多么可笑或不切实际；
(2) 要求每个人对自己讲出来的方案简单说明一下；
(3) 鼓励由他人的方案引出新的方案；
(4) 可能的话把全过程都录音；
(5) 把每一种方案写在黑板上，使每个人都能看见，以利于激发出新的方案

头脑风暴法的具体操作方法

- 结束
  头脑风暴法时间一般不要超过 90min，结束时主持人应对每一位参与者表示感谢

项目分解的步骤

- 识别项目主要组成部分
  要实现项目的目标需要完成哪些主要工作?
- 找出上述各组成部分更小的组成部分
  要完成上述各组成部分，有哪些更具体的工作需要做?
- 检查划分后得到的各更小组成部分，是否：
  – 不进行这一层次的工作，上一层次的各项工作能否完成?
  – 这一层次各项工作的内容、范围和性质是否都已明确?

几点说明

- 最底层的工作块应当便于完整无缺地分配给项目内外的不同个人和组织，所以要求明确各工作块之间的界面
- 最底层的工作块应当非常具体，以便各工作块的承担人都能明确自己的任务、努力的目标和承担的责任
- 逐层分解项目的过程实际上也是分配角色和责任的过程

工作分解结构(WBS)

- 明确和准确说明项目的范围
- 为各独立单元分配人员，并规定这些人员的相应责任
- 针对各独立单元进行时间、费用和资源需求量的估算，提高费用、时间和资源估算的可靠性
- 为计划、预算、进度安排和费用控制提供基础
- 确定工作内容和工作顺序

工作分解结构的开始：第一层次的分解

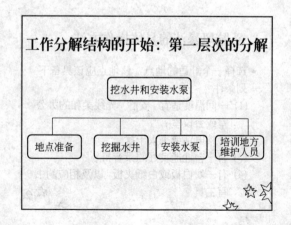

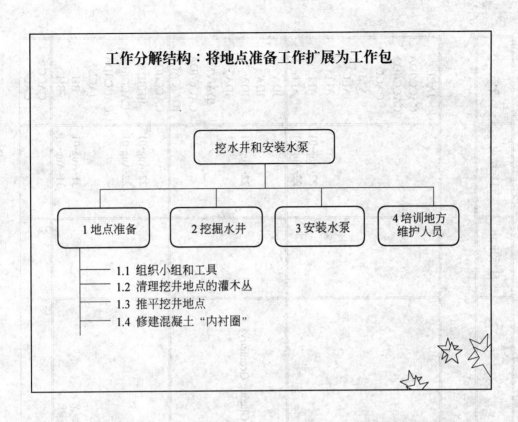

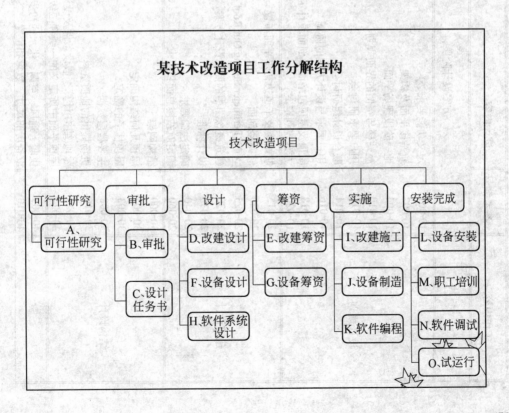

工作内容	参考编号	设计内容	目标开始	目标结束	责任方
设计规划		方案设计阶段:			
	10-001	定义功能要求			JACL
	10-002	航站楼平面及构架			CACC/IDA
	10-004	地一阶段现场平面			CACC/IDA
	10-010	航站楼与空侧的界面规划			CACC
	10-012	用户要求研讨会			VM
	10-014	联合设计组研讨会			ALL
	10-016	用户要求与设计方案的协调		22-Aug-01	ALL
	10-018	屋顶及屋顶包络面平剖面设计定案		22-Aug-01	ALL
	10-020	方案规划定案			ALL
建筑设计	20-015	航站楼及车道边初步平面布置			IDA
	20-020	航站楼剖面			IDA
	20-025	立面 (Perimeter Setting Out, Roof & Glazing Geometry)			IDA
	20-030	建筑概念图中的照明设计方案		22-Aug-01	IDA
	20-035	设计标准			IDA/VM
	20-040	确定法律要求			CACC/IDA
	20-060	确定航站楼总面积要求			IDA/CACC
结构设计	30-000	结构网架		22-Aug-01	CACC/IDA
	30-002	屋顶几何结构确定		22-Aug-01	BH/IDA
	30-003	屋顶柱子的确定			CACC/BH
	30-008	主要楼层数据			CACC/IDA
	30-016	机场提供的地质资料			JACL
	30-020	屋顶(结构)计算,假设条件及设计规范		31-Aug-01	BH
	30-024	屋顶平面中所定义的一级和二级结构		31-Aug-01	BH
	40-005	供暖、通风、空调、供水的初步考虑			CACC
	40-010	设备房的尺寸、数量和位置			CACC

项目风险管理

项目的不确定性

- 说明或结构的不确定性
  - 不能清楚地描述和说明项目的目的、内容、范围、组成和性质以及项目同环境之间的关系
- 计量的不确定性
  - 指确定项目变数数值大小时由于缺少必要的信息、尺度或准则而产生的不确定性
- 事件后果的不确定性
  - 无法确认事件的预期结果及其发生的概率

对风险的理解

- 风险是一种不确定性
  - 风险既是威胁但也是机会
- 风险是损失或损害
  - 人们从事各项活动可能蒙受损失或损害,因而更要关心如何处理不利后果
- 风险是预期和后果之间的差异
  - 后果偏离预期越大,风险也越大

风险是实际后果偏离预期有利结果的可能性

风险事件——未预料到其后果的事件

- 风险来源
  - 自然、经济、技术、行为、政治、组织……
- 风险的转化条件和触发条件
  - 风险是潜在的,只有具备了一定的条件时,才有可能发生风险事件,这一定的条件称为转化条件。即使具备了转化条件,风险也不一定演变成风险事件。只有具备了另外一些条件时,风险事件才会真的发生,此条件称为触发条件

风险成本

- 风险损失的有形成本
  - 直接损失和间接损失
- 风险损失的无形成本
  - 风险损失减少了机会
  - 风险阻碍了生产率的提高
  - 风险造成资源分配不当
- 风险预防与控制的费用
  - 只有当风险事件的不利后果超过为项目风险管理而付出的代价时,才有必要进行风险管理

项目风险管理

- 项目管理团队通过风险识别、风险估计和风险评价,并以此为基础合理地使用多种管理方法、技术和手段对项目活动涉及的风险实行有效的控制,采取主动行动,创造条件,尽量扩大风险事件的有利结果,妥善地处理风险事故造成的不利后果,以最小的成本保证安全、可靠地实现项目的总目标。
- 广义的风险管理分*风险分析*和*风险管理*两个过程

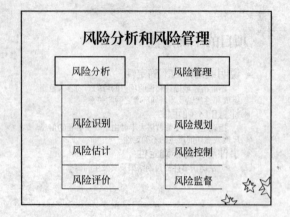

适合采用风险分析和风险管理的项目或活动

- 创新，使用新技术
- 投资数额大
- 实行边设计、边施工、边科研
- 打断目前生产经营，对目前收入影响特别大
- 涉及到敏感问题（环境、搬迁）
- 受到严格要求（法律、法规、安全）
- 具有重要政治、经济和社会意义，财务影响很大
- 签署不平常协议（法律、保险或合同）

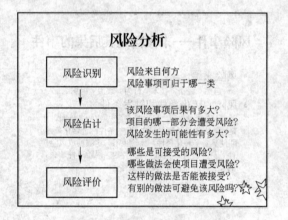

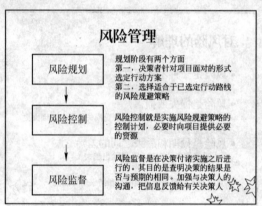

为什么要实行项目风险管理？

- 通过风险分析，可加深对项目和风险的认识和理解，澄清各方案的利弊，了解风险对项目的影响，以便减少或分散风险。
- 通过检查和考虑所有收集到的信息、数据和资料，可明确项目的各有关前提和假设
- 通过风险分析不但可提高项目各种计划的可信度，还有利于改善项目执行组织内部和外部之间的沟通

为什么要实行项目风险管理？

- 编制应急计划时更有针对性
- 能够将处理风险后果的各种方式更灵活地组合起来，在项目管理中减少被动，增加主动
- 有利于抓住机会，利用机会
- 为以后的规划和设计工作提供反馈，以便在规划和设计阶段就采取措施防止和避免风险损失
- 风险即使无法避免，也能够明确项目到底应该承受多大损失或损害

为什么要实行项目风险管理？

- 为项目施工、运营选择合同形式和制定应急计划提供依据
- 通过深入的研究和情况了解，可以使决策更有把握，更符合项目的方针和目标，从总体上使项目减少风险，保证项目目标的实现
- 可推动项目执行组织和管理班子积累有关风险的资料和数据，以便改进将来的项目管理

项目风险管理的组织

- 项目的规模、技术和组织上的复杂程度，风险的复杂和严重程度、风险成本的大小、项目执行组织最高管理层对风险的重视程度、国家和政府法律、法规和规章的要求等因素都对项目风险的管理组织有影响
- 项目管理组织结构的最上层应该是项目经理。项目经理应该负起项目风险管理的全面责任。项目经理之下可设一名风险管理专职人员，帮助项目经理组织和协调整个项目管理班子的风险管理活动。项目分析人员可以由有技术经济、电脑和项目管理经验的权威人士担任，或聘请专业人员

风险识别

- 收集各种资料
  项目产品或服务的说明书
  项目的前提、假设和制约因素
  可与本项目类比的先例
- 风险形势估计
  明确项目的目标、战略、战术以及实现项目目标的手段和资源，并确定项目及其环境的变数

项目风险形势估计

- 项目及其分析
  - 为什么要搞这个项目，本项目的积极性来自何方
  - 本项目的目标说明
  - 将本项目的目的同执行组织的目的进行比较
  - 研究本项目的目的
    - 明确项目目标
      经济的
      非经济的

项目风险形势估计

- 说明本项目对项目执行组织的目标的贡献
- 说明本项目的主要组织部分
  明显的规划约束和机会
  假设
- 说明本项目同其他项目和项目有关方面的关系
- 说明总的竞争形势
- 归纳项目分析优点

项目风险形势估计

- 对行动路线有影响的各方面考虑
  （对于每一个因素，都应说明它对项目的进行产生怎样的影响）
  - 总的形势
  - 项目执行过程的特点
    - 一般因素
      政治的
      经济的
      组织的

项目风险形势估计

- 不变因素
  - 设施
  - 人员
  - 其他资源
- 研究项目的要求
  - 比较已有资源量和对资源的需求
  - 比较项目的质量要求和复杂性
  - 比较组织的现有能力
  - 比较时间和预算因素

项目风险形势估计

- 对外部因素进行评价
  - 查明缺乏哪些信息资料
  - 列出优势和劣势
  - 初步判定已有资源是否足够
- 分析阻碍项目的行动路线
  - 阻碍项目成功的因素
    - 列出并衡量妨碍项目实现其目标的因素
    - 衡量妨碍因素发生的相对概率
    - 如果妨碍目标实现的因素发生作用的话，估计其严重程度

项目风险形势估计

- 项目的行动路线
  - 列出项目的初步行动路线
  - 列出项目行动路线的初步方案
  - 检查项目行动路线和初步方案是否合适，是否可行，能否被人接受
  - 列出保留的项目行动路线和初步方案

项目风险形势估计

- 分析阻碍项目的行动路线
  以下步骤可反复进行，每次反复都经过这四步
  - 可能会促进上述阻碍项目成功的因素出现的行动
  - 当上述阻碍项目成功的因素出现时，为了实施上述行动路线，必须采取的行动
  - 因上述两种行动而发生的后果
  - 针对上述行动的可能后果做出结论，以此为基础判断上述行动路线是否可行，能否被人接受，并将其优点与其他行动路线相比较

项目风险形势估计

- 项目行动路线的比较
  - 列出并考虑各行动路线优点和缺点
  - 最后检查行动路线和初步方案是否合适、可行，能否被人接受
  - 衡量各相对优点并选定项目的行动路线
  - 列出项目的最后目标、战略、战术和手段

风险识别技术和工具

- 核对表 (CHECK LIST)

- 项目工作分解结构

项目管理成功与失败原因核对表

项目管理成功原因

- 项目目标清楚,对风险采取了现实可行的措施
- 从项目开始就让参与项目以后各阶段的有关方面参与决策
- 项目各有关方的责任和应当承担的风险划分明确
- 在项目设备订货和施工之前,对所有可能的设计方案都进行了细致的分析和比较

项目管理成功与失败原因核对表(续)

项目管理成功原因(续)

- 在项目规划阶段,组织和签约中可能出现的问题都事先预计到了
- 项目经理有献身精神,拥有所有应该有的权限
- 项目班子全体成员工作勤奋,对可能遇到的大风险都集体讨论过
- 对外部环境的变化都采取了及时的行动

项目管理成功与失败原因核对表 (续)

项目管理成功原因(续)

- 项目组人员具有团队精神
- 进行了班子建设,表彰、奖励及时、有度
- 对项目班子成员进行了培训

项目管理成功与失败原因核对表

项目管理失败原因

- 项目业主不积极,缺少推动力
- 沟通不够,决策者远离项目现场,项目各有关方责任不明确,合同上未写明
- 规划工作做得不细,或缺少灵活性
- 把工作交给了能力不行的人,又缺少检查、指导

项目管理成功与失败原因核对表

项目管理失败原因(续)

- 仓促进行各种变更,更换负责人,改变责任、项目范围或项目计划
- 决策时未征求各方面意见
- 未能对经验进行分析
- 其他错误

项目融资风险核对表

项目失败原因(潜在的威胁)
- 工期延误,因而利息增加,收益推迟
- 成本、费用超支
- 技术失败
- 承包商财务失败
- 政府过多干涉
- 未向保险公司投保人身伤害险
- 原材料涨价或供应短缺、供应不及时

项目融资风险核对表（续）

项目失败原因（潜在的威胁）
- 项目技术陈旧
- 项目产品或服务在市场上没有竞争力
- 项目管理不善
- 对于担保物，例如油、气储量和价值的估计过于乐观
- 项目所在国政府无财务清偿力

项目融资风险核对表（续）

项目成功的必要条件
- 项目融资只涉及信贷风险，不涉及资本金
- 切实地进行了可行性研究，编制了财务计划
- 项目要用的产品或材料的成本要有保障
- 价格合理的能源供应要有保障
- 项目产品或服务要有市场
- 能够以合理的运输成本将项目产品运往市场
- 要有便捷、通畅的通讯手段

项目融资风险核对表（续）

项目成功的必要条件
- 能够以预想的价格买到建筑材料
- 承包商富有经验、诚实可靠
- 项目管理人员富有经验、诚实可靠
- 不需要未经实际考验过的新技术
- 合营各方签有令各方都满意的协议书
- 稳定、友善的政治环境，已办妥有关的执照和许可证

项目融资风险核对表（续）

项目成功的必要条件
- 不会有政府没收的风险
- 国家风险令人满意
- 主权风险令人满意
- 对于货币、外汇风险事先已有考虑
- 主要的项目发起者已投入足够的资本金
- 项目本身的价值足以充当担保物
- 对资源和资产已进行了满意的评价

项目融资风险核对表（续）

项目成功的必要条件
- 已向保险公司交纳了足够的保险费，取得了保险单
- 对不可抗力已采取了措施
- 成本超支的问题已经考虑过
- 投资者可以获得足够高的资金收益率、投资收益率和资产收益率
- 对通货膨胀率已进行了预测
  利率变化预测现实可靠

合营或合资项目的组织风险核对表

风险	防范措施
1. 合作各方目标不一致 合伙人对于合营或合营体的目的有不同的理解或解释	在组织合资或合营体时，所有各方就应该把为什么建立合资或合营体的原因和理由弄清楚，并取得一致的看法

合营或合资项目的组织风险核对表

风险	防范措施
2. 要求发生变化 在项目进行过程中，合伙人的需要和风险发生变化。为了完成项目，合伙人之间的合作关系会变得越来越复杂	在各合伙人未明确各自的管理责任和就管理系统取得一致意见之前不要签订合同或开始项目。在组成合资或合营体时，所有各方就应该商量好当合伙人之间的关系变得越来越复杂时，合资或合营体的组织结构应该怎样做出相应的变动

合营或合资项目的组织风险核对表

风险	防范措施
3. 合伙人之间的利益分歧 合资或合营体建立容易，持久难。如果组成合资或合营体的目的是分担项目的费用或风险时，合伙人之间出现利益分歧的风险就大	建立一个由各合伙方负责人组成的领导小组。领导小组制定合资或合营体的计划，并任命一个单独的管理班子，使其有权监督各合伙方履行义务和责任

合营或合资项目的组织风险核对表

风险	防范措施
4. 对应付风险的资金的准备 各合伙方往往对合资或合营方的风险或合营体中要承担的风险比一般业务要大。但无经验的合伙人不能正确地估计这些风险	各合伙人应共同对费用风险进行估计，避免重复考虑风险费用。 合资或合营体的风险应当划分为两类，各合伙方的共同的风险应由合资或合营体的管理班子考虑，而各合伙人的风险应由各合伙人自己考虑

合营或合资项目的组织风险核对表

风险	防范措施
5. 合资或合营体的利益平衡 合资或合营体项目只是合伙人利益的一部分。各合伙人在合资或合营体中的利益不相同，合伙人的一些或全部利益可能会发生变化，例如当他们看到其他市场上的新机会时，就会如此	当各合伙人都是同行时，在制定合资或合营体的经营规划时就必须预计到利益的冲突。合伙人同行，彼此之间容易理解，易于共同克服困难。如果各合伙人不同行，彼此之间的依赖性就大，但彼此之间的理解就不如同行的情况。在这种情况下，需要建立一个正式的规划和控制系统

合营或合资项目的组织风险核对表

风险	防范措施
6. 对待项目的态度不同 各合伙人在合资或合营的项目和风险方面经验不同，因此在向他们的代表授权时以及他们的代表对项目的态度也就不同	对于不同行的合资或合营体，各合伙人应派一人参加合资或合营体的领导小组

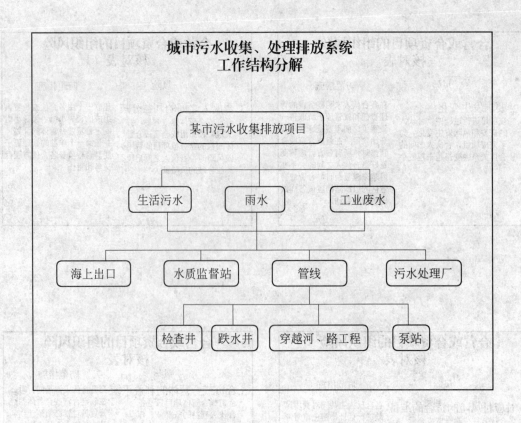

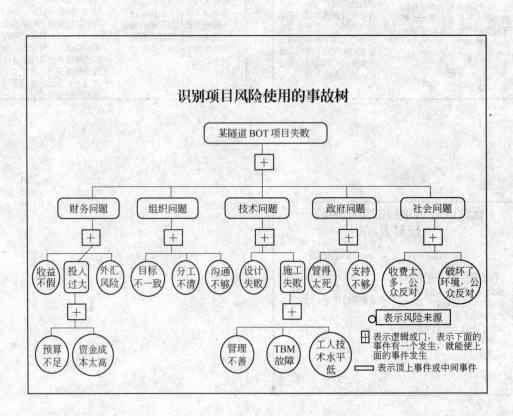

风险识别的结果

- 确定风险来源表
- 确定风险责任人
  - 业主风险
  - 承包商风险
  - 业主和承包商共担风险
  - 未定风险
- 确定风险症状

项目风险源

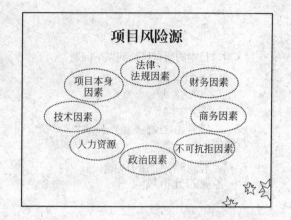

风险源

技术因素　新技术的发展
　　　　　软件的发展
　　　　　新材料
　　　　　维护问题
　　　　　有效性和可靠性
　　　　　质量问题，等等

人力资源因素　技能
　　　　　　　沟通能力
　　　　　　　状态，道德，忠诚度
　　　　　　　核心员工的流失，等等

风险源

商务因素　支付问题
　　　　　合同条款不周全
　　　　　未能履约-清算的危险
　　　　　供应商-及时性、可靠性等
　　　　　竞争对象-优势
　　　　　不能保护知识产权，等等

法律因素　责任问题
　　　　　不履约
　　　　　非法利用知识产权，等等

风险源

财务因素　项目融资
　　　　　坏账问题
　　　　　通货膨胀问题(如果项目时间长)
　　　　　汇率问题
　　　　　糟糕的项目预算，等等

政治因素　政府的政策变化
　　　　　贸易禁运
　　　　　WTO 规则
　　　　　等等

风险源

项目本身因素　项目管理问题
　　　　　　　计划不周
　　　　　　　不适合本地情况
　　　　　　　现场问题
　　　　　　　安全问题
　　　　　　　等等

风险评估

- 对项目中的所有风险问以下问题...
  - λ 会发生什么情况?
  - λ 发生的可能性? — 概率　高/中/低
  - λ 后果会是什么样?
    - 后果的严重性　可以忍受/可怕的/灾难性的

提醒你...

- 常常忽略熟悉的风险
- 客观的分析风险

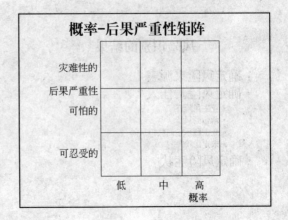

概率-后果严重性矩阵

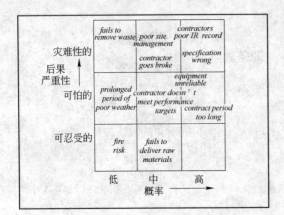

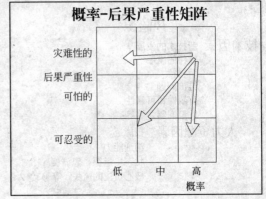

概率-后果严重性矩阵

风险规划

- 制定风险规避策略,并确保策略本身的可靠性和可行性
- 制定具体实施管理策略的措施和手段,并确保措施和手段符合项目总目标

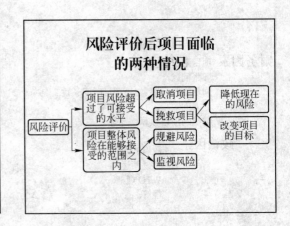

风险评价后项目面临的两种情况

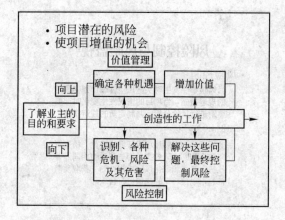

风险规避的策略

- 减轻风险
- 预防风险
- 转移风险
- 回避
- 自留
- 后备措施

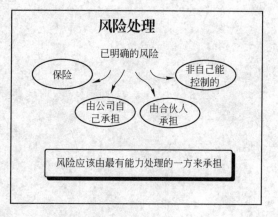

风险管理计划书

1. 引言
   1. 本文件的范围和目的
   2. 概述
      a. 目标
      b. 需要优先考虑规避的风险
   3. 组织
      a. 领导人员
      b. 责任
      c. 任务

风险管理计划书（续）

4. 风险规避策略的内容说明
   a. 进度安排
   b. 主要里程碑和审查行动
   c. 预算

2. 风险分析
   1. 风险识别
      a. 风险情况调查
         风险来源，等
      b. 风险分类

风险管理计划书（续）

2. 风险估计
   a. 风险发生概率的估计
   b. 风险后果的估计
   c. 估计原则
   d. 估计误差的可能来源
3. 风险评价
   a. 风险评价使用的方法
   b. 评价方法的假设前提和局限性
   c. 风险评价使用的评价基准
   d. 风险评价结果

风险管理计划书(续)

3. 风险管理
   a. 根据风险评价结果提出的建议
   b. 可用于规避风险的备选方案
   c. 规避风险的建议方案
   d. 风险监督的程序
4. 附录
   a. 项目风险形式估计
   b. 消弱风险的计划

风险控制与风险监视

- 风险控制
  - 当风险事件发生时实施风险管理计划中预定的规避措施。当项目的情况发生变化时,要重新进行风险分析,并制定新的规避措施
- 风险监视
  - 监视项目的进展和项目环境的变化;检查策略和措施的实际效果是否与预见的相同;寻找机会改善和细化风险规避计划;获取反馈信息,以使将来的决策更符合实际

3.0 组织中的项目管理

如何有效地利用时间、技术和人力资源

3.1 导致项目失败的原因

- 组织机构因素
- 对用户的需求理解不确切,性能指标要求定义不适当
- 计划和控制不力
- 估算错误

3.1.1 基本经验

- 要在项目管理中善于发现和避免潜在的危险
- 学会如何组织和实施项目以保证成功——该做的事一定要做好

项目环境:人员、队伍和组织机构

3.2 组织机构的现实环境:责权分离

- 项目的临时性、独特性和系统性决定了人力和物力资源常常只能是借用,而不能固定分配给项目使用。
- 只要项目管理人员面对的是借用的资源,他们的控制能力就必然是有限的。

3.2.1 如何在现实环境中更有效地开展项目管理工作?

- *培养威信:如果项目管理人员希望别人重视,服从他们,就必须建立和培养威信*
- 正常权威
- "钱袋"权威
- 官僚权威
- 技术权威
- 感召力权威

3.2.1.1 培养威信

- 正常权威
  被指派为项目管理人员时自然形成的
  得到上级的明确支持
- "钱袋"权威——"胡萝卜"+"大棒"
  承诺新的合同
  奖励提前完成任务
  威胁推迟付款

3.2.1.2 培养威信

- 官僚权威
  了解系统如何运转，以便你能运转这个系统——Lyndon Johnson
  严格填写文档
  按时开会研究项目进展情况
  详细了解机构的采购步骤

3.2.1.3 培养威信

- 技术权威
  具有技术权威的项目管理人员可以利用这个权威产生重要影响。人们服从他，并非因为他有权提薪提职，而是因为尊重他的技术水平
  项目成员对非技术型的管理人员缺乏信任感，因此也不会认真对待他们的意见。或者说，非技术型管理人员缺乏管理项目的技术权威

3.2.1.4 培养威信

- 感召力权威
  具有感召力的人以其人格力量使他人服从。"可随身携带"，即从一个项目带到另一个项目，从一个机构带到另一个机构
  感召力权威源于一个人多方面的品质。有感召力的管理人员具有使命感、幽默感，关心同事的困难，热情、自信，是领袖式的人物

3.2.1.5 完整的项目环境

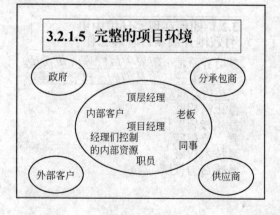

3.2.1.6 对好的项目管理人员行为过程的一个定义

- 认识环境
- 分析主要角色的动机
- 评估自己的能力
- 明确问题
- 研究解决办法
- 检查、细化解决方法

3.3 挑选有能力的人参加项目工作

- 人是项目中最重要的资源，一个项目成功与否常常取决于工作人员的才干
- 遗憾的是，人们常常不看重人，而是看重技术，把大部分的时间花在教授人们如何选择项目、分解项目任务和评估成本的方法上

- 很少听说因为PERT/CPM网络图错误使项目失败
- 很多项目的最终失败是因为管理部门对项目人员下达了不现实的指令，或是因为项目成员的能力水平不适应项目的要求，又或是因为领导不力使项目进展漫无目标
- 管理的任务不仅是指导和控制，更重要的是"支持"，即营造一个环境，使得大家能最大限度地做好工作

3.3.1 项目经理常常是例外管理

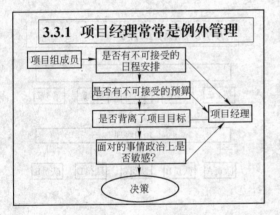

3.3.2 项目经理的职责

- 满足性能指标，按进度要求，在预算范围内完成项目任务。
- 培养员工，告诉他们如何更好的开展工作。
- 承上启下，既行使管理职能，又要使员工明确机构的目标和上级的要求。
- 传递经验教训，即把项目成功的经验和失败的教训传递给上级、同级和下级。

3.3.3 管理风格

- 专断型管理
- 放任型管理
- 民主型管理

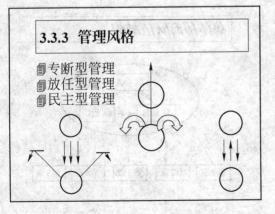

3.4 组建项目队伍，培养凝聚力

- 项目队伍的特点
- 队伍效率
- 组建队伍
- 创立队伍凝聚力

3.4.1 项目队伍的特点

- 运动队和项目队伍的比较
- 运动队十分注重培养团队精神，要求队员深刻地认识自己球队的特点，团队精神能使球队更有竞争力，可以打败实力相同而没有团队精神的队伍
- 项目队伍的结构（指导项目组成员之间的相互关系、与项目经理之间的关系、与客户的关系以及与产品的关系的规则）对项目成败影响很大

3.4.2 队伍效率

- 队伍的效率＝潜在的能力与实际完成的工作量之比。
- 机械设备中二个低效率因素是设计和摩擦力
- 项目队伍的低效率因素：
  源于矩阵的摩擦
  缺乏交流
  队伍成员工作不协调

3.4.3 组建队伍

- 一个理想的队伍结构应当能够适应职员不断变化和项目经理对资源没有直接控制权的特点，应该能够加强成员之间有效信息的交流，以利于项目各部分任务的协调

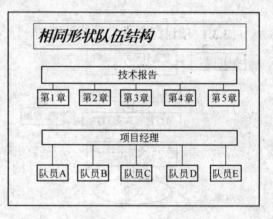

相同形状队伍结构

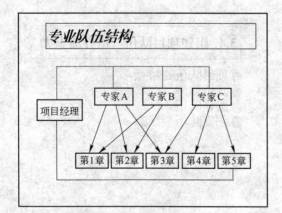

专业队伍结构

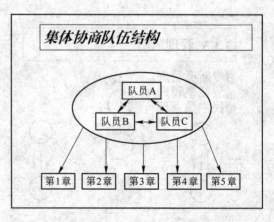

集体协商队伍结构

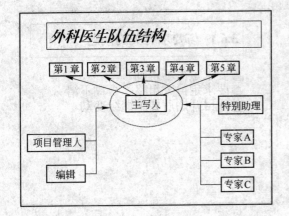

外科医生队伍结构

3.4.4 创立队伍凝聚力

- 使人感到集体的存在
- 建立奖励体系
- 利用个人关系

项目用户和项目要求

3.5 明确的需求是项目的基础

- 项目是为满足人们需要才产生的。如果一开始不能全面理解一个项目的需求及其内在的含义，或者不能正确地阐述它，或者发生理解错误，那么项目就立足于一个错误的出发点，必然会出现严重的问题

3.5.1 需求表达的五个步骤

- 让提出需求的人尽可能清楚地说明他们的需要
- 对需求提出一系列问题
- 作一些必要的研究工作，更好地理解需求
- 根据以上三部提出的结论，尽可能清楚地描述这个需求
- 倾听业主对你的阐述的反应，并作适当修改

3.5.2 定义需求时的问题

- 需求是不断变化的，由于：
  人员变化
  预算变化
  技术变化
  环境变化
  所以，应避免过早地固化对需求的陈述

3.6 明确项目的目标

- 功能要求和技术要求
- 功能要求是用普通的、非技术性的语言描述交付结果的性能
- 技术要求是用详细的技术语言描述交付结果的特征（如物理尺寸和性能参数），以告诉项目人员应当怎样实现这些要求。

3.6.1 与要求有关的问题

- 要求定得不正确
- 要求定得太粗略，含糊不清
- 项目开始后要求继续变动

3.6.2 定义要求的原则

- 明确详细地阐述要求，项目人员和用户对要求签字认可
- 要现实些，假定可能发生误解之处必定会发生误解
- 要认识到要求决不会自始至终一成不变

3.6.2 定义要求的原则

- 在阐述要求时，尽可能地使用图形、图表、物理模型等
- 建立一个监督更改机制（记录更改跟踪系统）
- 使项目人员以及用户了解与要求定义有关的问题

项目计划与控制

3.7 项目管理的工具和技术

- 项目计划
- 项目控制
- 计划和控制的程度
- 计划和控制的工具

3.7.1 项目计划

- 计划是三维的（时间、经费和人力、物力资源）
- 计划的不确定性
  不确定性低，计划可以非常详细
  不确定性高的项目很难订出详细计划
  不确定性和复杂性是有区别的
  好的计划是阶段性计划

3.7.2 项目控制

- 计划与实际有偏差是正常的，真正要问的问题应当是：项目进展中的偏差可以接受吗？因此，要把注意力集中在分析偏差是合理的，还是不合理的
- 采用"例外管理"方法，可以集中精力去解决特殊问题，而不是在一般问题上浪费资源

3.7.3 计划和控制的程度

- 项目复杂性
- 项目规模
- 不确定性
- 机构的要求
- 方便使用的计划和控制工具

3.7.4 计划和控制的工具

项目管理方法和工具

- 项目范围管理
  - 工作分解结构法
    - 工作分解结构
    - 组织分解结构
    - 成本分解结构
  - 收益—成本分析法

项目规模的工作分解结构

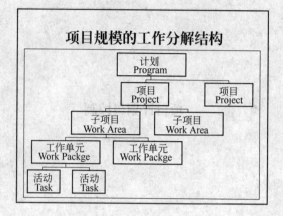

项目管理方法和工具(1)

- 项目时间管理
  - 横道图
  - 里程碑图
  - 网络图(CPM/PERT)

横道图示例

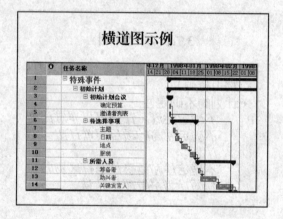

网络图示例

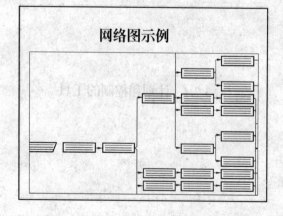

项目管理方法和工具(2)

- 项目成本管理
  - 参数成本估算技术
  - 自下向上的成本估算技术
  - 成本累计曲线(S曲线)
  - 生命周期成本
  - 资金预算工具
  - 挣得值技术

项目管理方法和工具(3)

- 项目质量管理
  - 标准质量控制技术
  - 帕瑞托图 (Pareto diagrams)
  - 鱼骨刺图

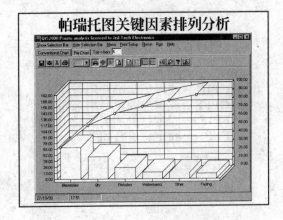

项目管理方法和工具(4)

- 项目人力资源管理
  - 激励和项目组建技术
  - 目标管理
  - 责任矩阵
  - 资源横道图
  - 资源需求直方图

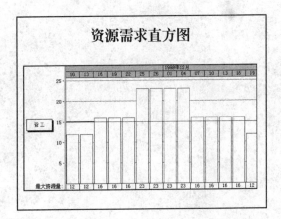

项目管理方法和工具(5)

- 项目沟通管理
  - 基本沟通原则
- 项目风险管理
  - 风险管理分步法
  - 假定情况演练法
  - 蒙特卡洛模拟法
  - 基础统计技术
  - 决策树

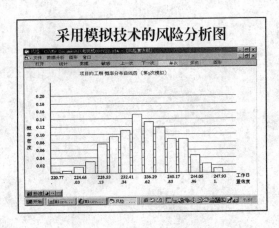

项目管理方法和工具(6)

- 项目合同管理
  - **CPIF**—成本加奖励费用合同
  - **CPFF**—成本加固定费用合同
  - **FPIF**—固定总价加奖励费用合同
  - **FFP**—固定总价合同

3.8 实现目标——项目经理成功的基本原则

- 对项目进展了如指掌，不要成为一个处理应急情况的经理
- 花大力气把工作做在前面，在一开始就要把工作做好
- 预见那些不可避免的问题
- 透过表面现象，注重深层次的问题
- 注重灵活性，不要陷入程式化的泥潭

项目管理实战经验集萃

潘士弘

1. 民主管理讲不通
2. 集体领导有问题
3. 现场拍板很不妥
4. 矩阵和权力
5. 管理是平衡的艺术
6. 大权独揽，小权分散太模糊
7. 外行领导内行——看你怎么看
8. 想要的和需要的不一样
9. 超额完成任务要不得
10. 专家系统是为专家使用的系统
11. 报表——信息的纵向交流
12. 信息分享——信息的横向交流
13. 勤请示，多汇报没必要
14. 汇报会可以不开
15. 编码的诀窍
16. 成本和会计不是一码事
17. 解剖麻雀是先验
18. 项目开始前的热身——三个基本文件
19. 从MIS和PMS的不同谈企业和项目管理的不同
20. 信息检索和工作流程
21. 区别管理和被管理的专业
22. 信息系统成功的关键
23. 买系统还是建系统？
24. 数据库要几个？
25. 建立PMS的第一步——信息中心
26. 建立PMS的第二步——编码和标准
27. 建立PMS的第三步——改变观念
28. 建立PMS的关键——第一把手的参与
29. 如何避免因为工程项目的进展而不断修改信息系统？
30. 管理系统的升级和兼容
31. 对信息系统硬件的考虑
32. 数据不是越多越好
33. 软件工程的误区
34. 再谈标准化
35. 管理人员的培训
36. 如何避免给马路安拉链？
37. 项目经理要不要懂计算机？
38. 提高效率依靠什么？
39. 真能创一流吗？
40. 什么是世界水平？
41. 伸手要权对不对？
42. 集思广益和力排众议
43. 工程分解的学问
44. 用各种编码控制开支
45. 为什么P3(Primavera)用不上？
46. 预测的重要
47. 进展的衡量
48. 质量真是第一吗？
49. 安全第一对安全的危害
50. 万事开头难

1. 民主管理讲不通

常见到报章上提到民主管理这一个说法，往往是讲不通的，民主是政治词汇，是对利益分配的一种方式。管理是经济词汇，或是说是属于科学范畴的事。也有人说管理是一门艺术，但无论艺术还是科学，其最大的特点是不能少数服从多数。

自然科学这一属性是显而易见的，二加三等于五，绝不能因为大多数人举手说二加三等于六就等于六了。即便是一时无法定论的命题，也只能存疑，不能表决，如果讲民主数学，一定笑掉大牙。

社会科学也是如此，历史研究上有不少争论的事，大家只能各抒己见，大胆假设，小心求证，不能因众口一词就定论。经济理论五花八门，争奇斗艳，也莫衷一是，表决不成的，所以没有民主历史，也没有民主经济。

艺术上有下里巴人，也有阳春白雪；众人有爱新潮的，有喜传统的，不是受大众欢迎的通俗文学就一定是好文学。虽然人们投票选书、选电影、选戏剧，但这不是选最好的艺术，而是选一种潮流和倾向。所以民主艺术也是讲不通的。

管理是一门科学，也可以说是一门艺术，不是多数人赞同的事就必须按此决策。至于决策之前要集思广议，是一种工作方法，和利益无关，和民主无关。所以说民主管理是讲不通的，不能把政治范畴概念简单套用在科学上。

2. 集体领导有问题

管理是一门科学，也是一门艺术，管理的体现就是决策。按照中国的传统，决策是领导人的职责，所以大家统统把管理和领导等同起来，于是就有了一个说法叫集体领导。

这里讲的是项目管理，对工程的领导。

如前之所述，管理是无法讲民主的，也就是说不能少数服从多数，那么怎样集体决策呢？两人同意，三人反对的事，在集体领导的框架下不是否决了就是要再议。如果否决错了，谁承担责任呢？结果必然是没人承担责任。

现代项目管理的基本点是项目经理负责制，是由项目经理一人对整个工程做出决策，承担责任。项目经理又把职责分解下来，一层层交付下去，于是分工明确，各司所职，每一个负责人会有一定权力和责任，每一层次，每一个部门的负责人全要根据其掌握的信息，独立地在自己职权范围内做出决定，也许可以说要实现独立领导。项目经理调度好了各层负责人，这个集体就有了效率，但万万不可集体领导。

3. 现场拍板很不妥

高级管理人员成功之道在于用人，不在于管理具体事物。如果上层管理人员越俎代庖，则可能造成下属管理人员避免做出决定，把矛盾上交的弊病。

上层主管人员只能为下属分工之间的问题做出决策，因为这是下属任何一个管理人员无法独立制定的。现场出现的问题有两种情况，一种是涉及几个下属分管部门的事，一种是属于某一个下属负责的事，对于前一种，主管只有在详细了解各部门情况之后，根据其制定的战略原则做出判断和决策，这是一个复杂细致的工作，不可能到现场走马观花就能做出，也就是说不要当场拍板。

第二种情况，是说下属负责人在分析复杂情况之后仍然无法做出决定，那么上级主管又怎么可能在现场短短的时间做出决定呢？如果真能这样，那么或者上级主管是天才，或者下级负责人是白痴。看来上级主管是天才的不多，主要是下级负责人太笨或不负责任，那么上级主管的责任就不是到现场解决具体问题，而是要解决用人的问题，否则就要天天到现场拍板，等于兼了一个下层管理的差。如果这位上级主管有这样的能力，正好说明这个下属管理的设置是人浮于事，可以取消以减少中间环节。

不要把当机立断和现场拍板混为一谈。当机立断是管理者的能力，是在占有信息的基础上，该出手就出手。现场拍板是管理上出了结构性的问题。

4. 矩阵和权力

项目管理讲究有职有责，职务和权力相当，责任和后果一致，所谓工程的组织结构，不过是职责的分配方法和体现。

政府及公司行政部门的组织结构是相对稳定的，不能经常改变，不少政府组织结构是通过立法确定的，即便是总理或部长也无法随意变更。但在现代化工程中，往往涉及多种专业，在工程进程中，对各种专业的需求又不断变化，因此组织结构是动态的。

这里就出现几个独特的要求：

1. 如何灵活变更，不会造成混乱。
2. 如何人尽其用，不会因需求的改变无所事事。
3. 如何保持变化下信息的一致性和可查性

以笔者之经验，这就是用矩阵方式来分配权力，我们把组织结构可以看成是一个三维空间。

	地区 1	地区 2	地区 3	地区 4	地区 5
专业 1		▲	★	●★	
专业 2	●▲		●		▲
专业 3		▲	●		
专业 4		▲			●
专业 5		★	★	★	★
专业 6		▲			

● 工程 1

▲ 工程 2

★ 工程 3

由此图可见，地区和部门之间的技术人员可以横向和纵向调动，组成项目小组，人员可以是全职也可以是兼职，有事则干，没事回原部门，干其他的事。

要搞好矩阵结构也有三个要点：

1. 参加人员对工程本身的工作，只对项目经理负责，不对本部门主管负责。
2. 部门负责人不能干涉项目管理，其工作是向项目提供人才，保证提供人才的质量，协调提供人才在不同项目中时间和地点的冲突。
3. 分工明确。

没有这三点，矩阵管理也是行不通的。

5. 管理是平衡的艺术

管理其实是协调，在管理上有三个基本要素，即成本、进度和质量，已是众所周知的了，以一言而蔽之，管理就是协调这三个要素的关系，或者说平衡三要素的艺术。

没有绝对的成本、进度和质量，常见工地上大字标语：百年大计、质量第一。人们习以为常并没有去深究这质量第一到底是什么含义。质量第一是说在三要素上，把质量放在第一位，可以无限提高成本和任意延长进度，这显然是荒谬的。

质量当然重要，否则不会成为工程管理的三要素。但质量必须受成本和进度等制约，比如三峡大坝的建设要先建一个围堰，这是临时结构，能满足二十年一遇的洪水冲击即可，堰内要求干燥，少有渗水也无大碍。因为比较了一下，若建一个可抵抗五十年一遇洪水的围堰成本比围堰进水淹后耽误一年工期的损失还高，所以不需要那么高的质量。

那么大坝是不是要千年不垮的高质量呢？这要取决于水库的寿命，如果水库在500年淤满，千年大坝也是不需要的。

进度也不是越快越好，建一个食堂吃饭，也许半年可以接受，非要把半年工期压缩为三个月，成本要翻一翻，兴许就盖不起来了。

成本当然不是越低越好，市面上的伪劣产品除了仿制之外，主要是追求了一个最低成本，结果生产出来的自行车除了车铃不响，哪个部件全吱吱作声，是要不得的。

这些全说明要成本、进度和质量兼顾。懂得数学的人都知道，这好像是一个三维空间的命题，没有任何一维可以取代其他两维，也没有一个绝对的关系。不同工程、不同经济能力、不同技术力量，更重要有不同的目的，全需要一个不同的平衡。甚至在工程进行中间这个平衡会不断变化，项目经理就好像是抛三个球的魔术师，在玩一场平衡的游戏。

6. 大权独揽，小权分散太模糊

在项目管理上的权限有大有小，但笼统讲大权独揽，小权分散是表达不出权限之间的关系的。一个大型项目，是由业主直接或间接任命一个项目经理，由此人对整个工程的成本、质量和进度承担全部责任。但一个人的精力和能力全是有限的。项目经理要把工程分解为子工程，任命子工程的项目经理。同样由每一个子项目经理独立承担其部分的成本、质量和进度，而每一个子项目经理再对其所承担的工程进行分解，委以负责人。这样一层层委托下来，直到一个人可以具体操作的层次。

分的层次太少，负责人忙不过来，顾此失彼。层次分得太多，人浮于事不说，彼此间矛盾大增，而解决矛盾恰恰是上一级主管的责任，也就是说项目经理并不直接管理子工程，他只负责协调子工程之间的事物。比如某一子工程因故误期，对其他子工程的影响；某两类子工程在空间、设备和资源上的冲突（吊车谁先用，挖地基的土石挡了运输设备的通路，专家的使用等等）。因为这种子工程或子工序之间的事是介于两个或几个下级负责人权限之间的事，是下一级负责人无法独立决定的，必须由上一级负责人取舍。

如果说这就是大权，也勉强可以讲是大权独揽，其实权力必须独揽，不能集体负责，大权、小权都一样。

小权分散就太含糊了,管理权力的"分散"是根据项目分解做出的,分解不是简单的分散,是为了把职责落实在具体人上。严格地讲这是权力(职责)的授予,未必是小权。

一个好的管理人员是要知人善用,统筹全局而不是越过下层管理人员去办事。当然下级管理人员有时需要指导、提醒和督促,上级有时也可以提具体的建议。注意只是建议不是命令,你不能命令下级按你的决定去做他份内的事,那样你就解除了下级的责任。

7. 外行领导内行——看你怎么看

有一句名言"外行领导内行"好像已经彻底否认了。但笔者认为此话全看你怎么看,关键在于对外行和内行的定义。如果说外行指大老粗,缺乏文化(看来这可能是名言的本意),那"外行领导内行"肯定是错误的。如果外行指具体的专业,外行领导内行是普遍的现象。

任何一个企业或工程全是由多种专业组成的,没有一个人能够对其企业所有的专业全内行。如果坚持只有业务内行才能领导则永远找不到内行领导。

美国二次大战之后,原来在军队里建立功勋的一批管理人员进入了对他们来说完全陌生的福特汽车公司。他们在这个企业大显身手,开创了现代企业管理的先河。从汽车技术来讲他们之中不少人自始至终是个外行,他们对福特公司的管理贡献巨大。其中一位名人是越战时当了美国国防部长的麦克纳马拉。"外行领导内行"的另一个著名的例子是今天IBM公司的总裁,他是对计算机外行的人。

但是麦克纳马拉和今天IBM公司的总裁是管理的内行。管理企业(或工程)与企业产品的研究、开发和制造是不同的分工,不能混为一谈。当然企业或工程的领导(管理人员)需要对本企业或本过程有深入的了解,但从专业的角度讲,他们不是也没必要是专业内行。项目经理是成本、质量和进度的平衡大师,平衡内行。选项目经理是看这种技术,不一定要找专业内行。

8. 想要的和需要的不一样

作系统分析最难的就是不知道用户要什么,而用户往往觉得我要什么早就讲清楚了,你为什么还不明白。这原因在于用户(其实也包括我们自己)往往区别不开需要什么和想要什么。

举几个例子:

1. 用户要一个会计系统,似乎这是一个简单明了的要求,但实际上会计系统有很多种,有独立的、有和其他系统交互的。独立的也可分为单机的、内部网的、互联网的和其他系统交互的。还要明确交换何种信息,编码系统是什么结构,对安全的要求又是什么。

2. 我在北京长安大街西的苹果园,我到建国门内大街东去上班,我需要一辆小汽车,可以节省时间。似乎这些需求也很明确,也有清楚的理由,但略微分析一下,可知这个要求的实质是如何保证短时间内上下班。如果提出要求的是一个年轻人,我分析汽车是他想要的,不是需要的。因为乘地铁,不但省钱,而且在时间上更有保证,他真正需要的是可靠的交通工具,而解决的方案是在分析之后才能确定的。

区别需要的和想要的不但是可行性分析的根本点,也是在工程实施中对总体设计、详细设计、设备选型、工期进度的判断基础，不要以为这是一个显而易见的问题。

9. 超额完成任务要不得

在轰轰烈烈的大跃进年代，不但放高产卫星，而且工业上和工程上到处是提前完成任务，超额完成任务的报道、口号和号召，似乎这是管理的成就的最好体现，其实超额完成任务往往是要不得的。

如果运输水泥的工人超额或提前完成任务，把水泥堆到了工地上，一场大雨下来，就是一场灾难，因为到货水泥超过了使用水泥的速度、仓库存储的能力。

修建一条铁路，如果预期三年完成，实际上日夜赶工，两年完成，必须导致成本上升。如果业主付得起这个价格，也认为合算，那么在订计划时就应当订两年而不是三年。说来说去，那不是超额完成任务，是订了不好的计划又没有及时修订。

也许有人说，提前完成任务，也不提高成本亦非好事？非也！还以铁路为例，如果真能提前一年又不增加成本，更说明原来计划是订错了。如果铁路不按计划提前完成，但和铁道配套的一系列工程如车站、旅馆、维修站、道路交叉、人员培训都是按这个计划进行的，仅仅把铁轨修好，还是无法使用又无适当人员来维护，到铁路要用时，毛病就会出来了。再说提前完成的铁路还会干扰道路交叉的建设。

那么其他工程也按提前完工，不加成本的原则进行呢？如果真能做到（我很怀疑）那等于说一个大工程，只要一味赶工，不要计划也可进行，岂非天方夜谭？

其实提前完工，超额完成的思想源于本位立场，缺乏全局观念。也就是说没有系统观念。任何一个部门不按计划完成任务，全会打乱整个工程的计划，要不得的，最好还是下工夫，制定一个切实可行又不过份保守的计划，大家同心协力去完成。

10. 专家系统是为专家使用的系统

经常听人们说专家系统是取代专家的系统，不少信息理论的书又称为决策系列丛书，似乎我们在今天真可以开发出一个代替我们人决策的系统。不幸我们人在目前的信息社会仍然是万物之灵，还无法为任何一个信息系统所取代。

为什么这样说呢？在理论上，今天的 IT 技术还只能处理量化的事物而无力对付非量化的判断。而在处理量化的技术上，IT 技术又只能处理线性的关系，对非线性关系几乎束手无策。数学上已经证明四次以上的方程没有标准解答公式，所以我们编写不出求解的通用程序。

决策的过程不是简单或复杂的定量分析结果的推演，而是多维空间的综合平衡，是没有标准答案的判断。经验，环境，性格甚至直觉对决策全会起重要的作用，没有一个开发的系统可以把这些因素考虑进去的。

我们至今为止还只能开发出为专家使用的系统。这个人工开发的系统可以最大限度地发挥计算机的优势，及时、准确地提供有用的信息为专家决策提供依据。这些信息是处理过的，提炼过的信息；是能提示给专家某些内在联系的信息。

举个例子，打仗需要侦查员。没有侦查员提供的情报无法指挥作战，但指挥官不会因此叫侦查员为他决策。侦查员和他们获得的信息是为决策服务的，而不是取代指挥官的。所以不要期望安装了先进的信息系统管理上就会出现奇迹。项目成功的根本是选对了项目经理。

11. 报表——信息的纵向交流

信息交流是人类最古老的社会活动之一，"上古结绳而治"，恐怕是最原始的一种信息交流方式。但直到上个世纪中，信息的交流还主要是纵向的，即从下到上的汇报形式。用今天的话来讲，多数是以报表的方法实现信息的纵向交流。

据说秦始皇每天要看几车各地呈上来的竹简，大约他也是重视 IT 技术的统治者。可以说从古至今，信息的纵向交流并没有根本的改变，只不过在今天的信息技术协助下，信息纵向流动的速度大大加快了，信息量大大扩充了。当然反馈的效率也不可思议地提高了。

值得注意的是任何一个技术的进步全有正负双方面的作用。信息传播速度和数量的提高造成了信息爆炸，而不少人还以为信息爆炸是好事。其实信息爆炸把需要信息的主管淹没在信息之中无所适从，等于没有信息。典型的事例是在开发信息系统时，要求编造大量报表，一个部门要求生成二三十个报表的很常见。究其原因，一是以为信息多多益善，二是生成五花八门的报表太容易了，简直是一种诱惑。

并非信息多就好，信息必须经过处理提炼，让有用的情报脱颖而出才有价值。今天的 IT 技术有强大的信息储备功能和检索功能。主管部门无须非要印到纸上才算得到了信息。大部分报表只有在需要分析数据时才应当生成。用户应当把精力放在分析信息上而不是放在收集数据上。

在信息革命之前报表除了提供给主管分析外，还是储存信息的惟一手段。信息革命在这方面的改变往往为人们忽视了。我理解无纸办公不是说可以不要纸张，而是说不再用纸来收集数据，储存数据。报表的功能简化了。所以报表要大幅度减少才可以提高效率。

12. 信息分享——信息的横向交流

老子说："鸡犬之声相闻，老死不相往来"，生动地描写了中国古代自然经济的社会。但在一个庞大的工地，至今各部门的交流往往也还是这样，也就是说，缺乏横向联系。

造成这一困境的技术原因，从数学上看是显而易见的：两个部门联系要一条通道，三个部门的联系要三条通道，四个部门需要六条通道，五个部门需要 10 条通道。十个部门就需要 55 条双向通道。这是说在一个有十个部门的企业，每个部门必须随时和九个部门联系，才能保持信息畅通。如果把每一位工作人员看成一个信息源，百人的企业就要求有 5050 条通道，千人公司则需要 500500 条通道，这显然是无法办到的。

只有到了信息革命之后，有了信息高速公路人类才有了解决这个瓶颈的技术保证。那就是建立一个统一的数据库，这个数据库储存了所有的信息，需要信息的各部门或个人到这个数据库来取得其所需要的信息。因此从理论上说，十个部门只需十条道路就可以了。由于这个数字如此之低，即使给工程参与的每一个人建立一个道路，也毫不成问题，这就是内部网（INTRANET），过去是由信息的生成部门决定何时向谁提供何种信息。现在是由信息的用户决定何时取得何种信息。这就是信息共享的观念，当然信息共享不是说不考虑信息的安全。通过信息技术，只有授权的用户才可以查询、更改、删除某一部分数据。这种信息的安全措施是按办公室、企业或工程事先规定的程序和授权来设置的，没有随意性。信息从生成的部门（数据源）在不同的部门流动，而这些部门给原始数据赋予更多的信息。信息技术的术语称之为数据增值，即信息量越来越丰富。

举一个例子，设计工程师在蓝图上标明了闸门的规格和数量；采购部门马上据此发出了招标书；合同部门据此确定了合同和价格，发出了招标书；成本部门马上将闸门的信息算入成本；仓库人员知道了到货时间；工地上知道何时可安装；一旦验收完毕，会计部门就可以出账了，负责资金的部门也可根据闸门的到货时间筹集现金计算利息……。闸门的信息在各个部门之间流动，信息价值越来越大。各个部门不用到相关的部门去查询，因为只要数据更新，所有部门就马上可以从共同的数据库获得最新消息了，这就是典型的数据共享，典型的横向交流。

13. 勤请示，多汇报没必要

据说勤请示多汇报是下级工作的一个很好的工作方法，那么就应当仔细分析一下，勤请示什么，又多汇报什么，又什么叫勤、什么叫多。

下级主管如果有明确的职责，应当明了上级主管的方向性要求。在自己职责内的事情应当全力以赴克服困难去完成，而不应该把自己的责任推给上层，由上级做决定。为此他们需要在工程开始之时、在接到任务之时对本职工作下一番功夫去了解，若有不明白之处，马上请示，直到明白之后才去执行。不可以在似懂非懂之时就开工，然后每事问。设想如果你叫孩子去买菜。当然是给他讲清楚要什么，价钱范围是什么。取代的变通是什么，你总不希望孩子没听清就跑上了大街，为了萝卜、大蒜一次次跑回来请示你吧？

向上级汇报什么呢？如果事无巨细，把怎样做的逐一汇报，好像孩子买菜回来滔滔不绝地告诉你如何与卖鱼的讨价还价；如何找了个盒子盛豆腐，你一定烦了吧？因为他如果买回来合适的食品就说明他把事办好了，也有此能力采购食品，你不必去操心这些细节。

根据我个人的经验，要求我勤请示的上司，不是他自己不能把工程分解好，明确职责，就是爱越俎代庖。同样，如果我的下级向我唠叨办事的细节，我就会感到他对自己办事没信心，老想得到我的肯定才能干下去。

我不是说不要请示，不要汇报，请示的问题应当是方向性、战略性的问题，是超出自己职权的问题（通常这是部门之间的事）。汇报是汇报工作是否按计划规定的成本，进度和质量完成，有没有超出计划的事，原因是什么，解决之道是什么，而不是完成的工作的细节。

现在共享的信息系统可以把汇报变成一个常规，除非发生重大偏差无需专门汇报，更不要多汇报。上级主管可以根据需要随时在系统内查寻。

至于是否勤请示，关键在于有无可请示的，方向性问题一旦发生，必须请示。否则大可不必，不能用勤不勤来要求。

14. 汇报会可以不开

前文评了"勤请示，多汇报"，意犹未尽，再谈谈造成会山文海的汇报会。我个人认为大规模的汇报会是很有中国特色的现象。西方几乎不开大型汇报会，偶尔有个汇报会，也只是几个当事人互通情报，难得开过半天，而且这些会必须要解决问题，仅仅汇报是不够的。

汇报会顾名思义是汇报工程进展，大型会议的汇报人往往整理了一大堆资料，遣文调词几页，登台朗朗出口，台下人手一册，未等台上念完，自己已心知肚明了，所以几天大会完全是一个形式。小型汇报会也许不那么正式，汇报的人也许只有腹稿。但发言要一分为二，先讲成绩，娓娓道来，令人昏昏欲睡。问题则一带而过，不注意还真听不出来。当领导的得训练出听话听音的本事，一小时的长谈，只听其中三五分钟的关键。

为什么西方不需要汇报会呢？因为这种工作方式成本过高，效率过低。通过今天的信息技术，几乎汇报的任何数据全可以随时从系统中获得，真正需要汇报的是少数非量化的信息，这不需要大会来汇报。而且大会往往并不适合汇报非量化的信息。

既然在信息社会建立了新的信息系统，工程管理人员的工作就应当相应调整。不能在保持老的工作方法的同时又加上一套新的，那样的话，一层层的主管除了要向上级汇报，还要向计算机汇报，负担非但没减少反还加重了。岂非花钱找麻烦？无论如何，对于管理人员来说是要突出问题，即和计划偏离的情况。正常的进展不必开会汇报，省出时间和精力去应付偏差。所以我建议有了现代化的信息系统，汇报会可以不开，至少少开。不要把工程管理会议和竣工成绩总结会混淆在一起。

15. 编码的诀窍

现在讲一个略微技术性的话题：编码。

首先我要说编码是信息系统的大梁，没有合适的编码，就没有办法信息共享，特别由于中文的特性，编码的重要性就更突出了。

作为编码，大家全知道惟一性的问题，如果一个码的含义不是惟一的，就像"文化大革命"时，太多的孩子拥有相同的革命姓名一样，会为革命建设带来无尽的烦恼。

但是编码的另一个特性，即不变性却往往为人们所忽视。不变性，如果从时间坐标上看，也是一种惟一性，即说在任何时间，一个码只代表一个事物，或一个事物永远拥有这个编码。

在20世纪80年代中期，国内各省的汽车开始使用国务院颁发的省会代码作为牌照的前两位。记得北京是01，广东是15，在省会编号之后，仅有五位数，当然很快就用满了。于是就用把省会号加了30，用31，61，91作为北京车牌的头两位。这时突然中间出了个新省，海南省。按推理，编号应当是31，可北京早用了这个号码，于是省会编码只好废除，改为今天中文省会简称、字母和数字的混名编码。但这种改变为有关部门处理积案会带来问题，因为同一个汽车，编码已改，追踪不到了。

另一个例子是某部门对电厂的编码规定要达几十位。电厂表面编码含有十几种信息，包括省份、水、火电、所属关系、是否已并网。这是完全错误的做法。因为一旦电厂的所属改变，编码就要改变，结果一个电厂，在不同的历史时期编码不同，无法识别了。

那么编码时要考虑什么呢？编码的诀窍是什么呢？

1. 设计编码的人要对编码事物的属性有深入了解，考虑各种特殊情况或可能出现的情况。

2. 不要把编码变成密码，在码中尽量不带信息，如果一定有信息也必须是绝对不会改变的信息。比如出生年月或许可作为码的一部分，但教育程度不能用，甚至性别不能作为人事码的一部分，因为这些全可能更改。信息是要储存在数据库里不要藏在姓名（编码）上。

3. 要设计好编码结构，这个结构和标示的事物的分解方式是一致的，因此必须有专业人员即通晓该事物的人参与。
　　4. 编码不要过于复杂，要有扩充余地。
　　5. 要考虑使用的软件或可能使用的软件对码的兼容性。
　　6. 必须由使用部门的上级部门发文，在该企业或工程上强令执行，绝对不允许各自为政。

16. 成本和会计不是一码事

　　在中国，人们挂在嘴边的一个词叫财会，这是对成本、筹资和会计的一个统称，其实成本和会计不是一码事。
　　表面上看成本谈的是钱，会计谈的也是钱，好像是一码事，其实两者有根本的区别。
　　成本是将来式的事，控制成本是控制未来要花的钱，花出去的钱，无论对错是没有办法控制的。会计是过去式的事，处理已经发生的交换，无论采购对错，账是必须支付的。
　　对于一个管理工程的人来说，他的工作是面向未来，对未发生的事进行预测、分析和决策以求减少成本。他不应当也无必要把精力放在已发生、无法改变的事务性工作上。
　　这好比开汽车，项目经理掌舵，面向未来决定方向、速度，反光镜上的事他当然要注意，但是注意对下一步有何影响，这是成本的问题。汽车使用完要加油、维修、上税、办牌照，可由后勤人员处理，这是会计工作。二者都是和汽车有关，都又完全不是一码事。西方的项目经理是对成本、进度和质量完全负责，但往往不负责会计（工程会计是工程结算，不包括出纳）。这样一个分工，使得成本的控制成为项目经理的首要责任，却又不陷入事务性的工作。会计通常由企业部门负责，因此职责分明。
　　对于项目经理来说，他不必把成本管到一分一角一元，他只要掌握在某一数量级上就可以了。在事先规定的范围内，项目经理对预算可以变通（包括增加、削减、挪用）。会计是执行部门，他们不应当也不可能对采购的质量或需求做出评估，但他们将严格根据会计制度支付，精确到一分一厘，只要符合制度，会计必须支付，如果不符合制度，项目经理也无权干涉，不能强令支付。只有把成本和会计分开，成本才会有保障。国内往往赋予财会人员对设备采购的否决权，认为这样可以把好花钱的关。其结果把应该独立运作的会计拉进是非之中，反而把不住关口了。因为财会人员不懂设备，不是管错了就是用非技术的标准做决定。会计必须置身项目之外才会照章办事。

17. 解剖麻雀是先验

　　在大跃进的年代，有一个通俗的哲学口号叫"解剖麻雀"，与之相关的哲学口号还有"种实验田"，"蹲点"等等。这些大意全是要做调查研究，避免主观主义。但实际效果却是恰恰相反，亩产万斤的土卫星满报纸跑，造成一场浩劫。从工作方法论的角度上看，问题出在何处呢？
　　原因出在先验主义上了。为什么"解剖麻雀"？因为麻雀虽小，五脏俱全，容易得到，好解剖。所以小学生上生理课，解剖麻雀不失为好方法。但人们可能由此忽略了"解剖麻雀"有一个不言而喻的假设，那就是麻雀的五腑六脏和其他脊椎动物的五腑六脏是大同小异的。这是已经证明了的。在这个前提成立的基础上可以学到一些知识。如果研究昆虫，解剖麻雀是没什么用处的。此其一也。

第二，解剖麻雀可以使人们了解脊椎动物内部器官的基本构造和运转方式，却无法提供更详细的信息。大熊猫的生殖能力低下是无法从解剖麻雀上研究的。"解剖麻雀"仅仅是一种基本学习，不能协助深入研究。

对一个项目来说，并非一定是"脊椎动物"，"解剖麻雀"往往成为走过场，结果是张冠李戴，人云亦云，土卫星一个比一个大。即便项目是"脊椎动物"，"解剖麻雀"也解决不了特殊性的疑难。"解剖麻雀"和"蹲点"与统计学的抽样是不一样的。抽样是客观的，有一定数量的要求，有数学证明为根据；"解剖麻雀"是以点代面，或可能是一叶障目。作为项目经理，切忌把局部的经验轻易地当成普遍的规律。"解剖麻雀"发现不了普遍规律，只能学习前人已经掌握的普遍规律，虽然这也是必要的。

18. 项目开始前的热身——三个基本文件

在中国的大型工程全有个开工典礼，有首长讲话和剪彩；有来宾，有参加建设的技术人员和工人出席仪式；有奠基活动；有推土机'破土'。而实际的工程可能已经开工半年甚至快一年了。严格地说这不是工程的开始，而是工程启动后一种商业或政治性的活动，其目的和效益不在本文讨论之内。笔者要说的是项目开始启动前真正的热身活动，准备三个基本文件。这三个文件是：工程计划；工程主进度；工程预算。

可以说项目动工之后，项目经理就是不断把实际发生的情况和这三份文件对比，不遗余力地执行这三份文件，千方百计地把误差调整回三份文件规定的范围内。如果发生了不可逆转的变化，项目经理必须及时知道，明了原因，作出对策和估计后果（预测）。对项目执行情况的判定就是根据对三份既定文件的比较作出的。

工程计划包括管理策略，合同（施工和采购）策略，人事策略并明确工程目的和范围。其中管理策略是要决定业主的进入程度和参与方式，明确业主作什么不作什么。项目经理必须吃透工程计划，切忌为局部小问题陷入不准备介入的事而忽略了全局。

工程主进度应当排除非技术的干扰，根据子工程之间的关系来制定。笔者在中国见到过"后墙不倒"的编进度方式。这是把竣工期人为地定下来，然后倒推，根本顾不上各子项目的实际完成时间，其结果不是增加成本就是降低质量。把大型工程完工日和某些政治节日联系在一起是没有什么意义的，反而往往给人以赶工的印象。

工程预算其实有两个，一个是申请工程时的概算，一个是执行时的预算。从申请工程的概算到工程批准对大型工程来说往往有很长一段时间了，市场的价格，施工方法和总体设计均会有不少变动，因此编制切实可行的工程预算是完全必要的。这一预算必须是切实可行的有充分根据的而且是详细分解的。预算还要和资金到位（即资金流）情况吻合以便计算利息。

由此可以看出，预算的制定和主进度的制定是互相制约的，不但要互相通气，而且要反复推演。同样预算和主进度的制定对管理计划也会有影响。往往大型工程这三个文件的制定要耗费几个月甚至一年的时间，不断反复。请记住文件的反复修改无论如何比施工的反复修改要便宜许多，不要抢着开工，否则欲速则不达。

19. 从 MIS 和 PMS 的不同谈企业和项目管理的不同

管理信息系统简称为 MIS 是英文 Management Information System 的缩写。还有一个名词叫项目管理系统简称为 PMS 是英文 Project Management System 的缩写。两者有什么区别呢？有由什么关系呢？

MIS是对所有管理信息的一个集成的称呼，现代的信息系统和计算机是分不开的，因此也可以说MIS是所有用计算机处理的信息系统。但人们往往对MIS有一个狭义的用法，把办公室自动化OA（Office Automation）称为MIS。今天的OA包括文字处理软件（Microsoft Word，WPS，Word Perfect），电子表格（Excel，Lotus），讲座演示（Power Point）和内部网（Intranet）及互联网（Internet）。后面两者主要是用来使用电子信件和检索公布的信息的。

PMS是专为工程项目使用的管理信息系统，是MIS的子系统。在国内这两个系统不太好区分，因为项目的管理组织结构和企业管理组织结构是大同小异的。换句话说是用办企业的方法搞工程。

不妨看一看企业和项目的不同之处：

企业结构是稳定的，工作是重复性的，基本上以年度为周期。项目结构是不断变动的，内容很少重复，以工程本身为周期。

企业可以是专门搞项目和项目管理的，也可以是经营产品的。其控制项目的方法是以前讲过的矩阵方式，其下属部门不需要因承担的项目而改组；开拓业务，签订合同，然后组织项目管理队伍是要遵循一套相同的规章制度和工作流程来进行的；其业绩是按年度考核的。项目的组织结构是动态的，修好桥梁之后，桥梁小组就没必要存在。开工时，设计组人员庞大，施工时，设计人员就大大减少了；每个项目均有其特殊性，可以说从来不重复；成本和年度没有任何关系，业绩是由每个子工程和工序的完成来判断的。

把项目当企业办至少有两个不妥之处：

一是子项目和工序的进度与开支和年度无关；花费很多精力搞出的年度规划对实际工作不但没有多少指导意义反而可能造成困惑。

二是造成人浮于事。笔者见过在大桥完工之际再任命两个桥梁部副主任的，据说这是副处级职务，如果当时不任命，级别上不去，到了其他部门就不好安置。其实在矩阵结构中，项目的各级负责人全是"临时"的，不存在因人设位的难题。

笔者的工作是建立PMS即项目管理相同，将在下文继续谈到PMS。

20. 信息检索和工作流程

如上文所说，PMS是专为项目管理建立的信息系统，那么PMS和软件又是什么关系呢？笔者认为对于信息系统而言，包括了三个部分：

- 硬件——包括计算机设备，网络设备和辅助的外围设备；
- 软件——包括计算机操作软件，网络控制软件和应用软件；
- 流程——包括工作流程，规章制度和专家的经验。

人们往往把PMS看成是整个系统中和管理直接有关的应用软件，这是不够的。真正能称为PMS的是通过先进的信息技术把抽象的管理规则和管理流程提升为可遵循，可操作和可检验的信息工具。

举一个实际的例子来说明一下；为了获得工程投资总数，某个工程需要把已完成的合同输入到新投入使用的PMS之中去，结果发现不少合同无法输入，令人十分恼火。原来在执行这些合同时均没有遵循既定的管理规则。有的合同价格是五十万元，实际支付是八十万。经查是有变更，但变更的原因，申请人，价格标准全没有，经手人也不记得了。而正要投入使用的 PMS 要求按既定的规则和流程一步步操作，如果不符合流程，任何人签字也是无法支付的。这是说把变更的工作程序编入了软件，对变更的申请，审查，批准和支付必须通过 PMS 来执行。具体操作人员任何不符合规章的行为全无法进行下去。该系统可以告诉操作人员应如何遵循流程并且按部就班地检查流程的执行状况。这样的系统英文称为 Pro-Activesystem，中文也许可翻译为主动系统。

单纯的信息收集系统会面临信息不能及时输入的老大难问题。对用户来说等于既要对上级领导汇报，又要对计算机汇报，系统非但没能减少管理人员的工作，反而增加了工作，难怪人们不愿意用。于是操作人员或者是因为忙，或是不重视，或者想把误工的赶回来再输入，使得信息系统的信息不准确不及时无法依据。主动的系统是管理的工具，进入系统不仅仅是为了输入信息更重要的是办公，只有把真实的数据按时输入才能实现管理。这样输入的信息全经过既定规章的自动检验，是可靠和及时的信息。

21. 区别管理和被管理的专业

在建立管理信息系统 PMS 时常遇见把管理和被管理的专业混淆的争论。在拙文"外行领导内行——看你怎么看"中笔者提出要把管理本身作为一个专业和其他专业区别开。这里想就此影响 PMS 开发的实例讲一讲。

众所周知项目管理的三个要素是成本，进度和质量。前两个要素是可以量化的，用计算机处理得心应手，质量就不完全是量化的要素了。质量归根结底可以用合格不合格来判定，但是否合格不是一个单纯的数量可以表达的。可能被检验的产品和工序有千百万种，即便是量化的检验也互不相同，无法找出共性。对台式微机的检验和大坝水泥浇筑的检验就截然不同，这就引出一个有趣的问题：对项目管理系统的质量子系统应当如何编写？很多人认为要把判断是否合格的标准输入系统，从而对被检验的产品的每一个参数全有记录，可以知道为什么合格或不合格。

乍一看这是不错的想法，可是管理需要知道的是产品是否合格，如果不合格对项目进度和成本有何影响，而不是产品是否合格的技术原因。没有一个大型项目的项目经理可以通晓全部涉及的产品的技术的（这可能达到上百万），也不应该去过问这种细节。对产品技术检验的细节是由不同专业的技术人员完成的，和项目管理是不同的专业。这些专业人员也只能懂其本科而不能跨行业。

把所有产品的检验标准放在一个系统里，使得该系统对专业人员来说太笼统，对管理人员太烦琐。结果成为一个理想（想要）的系统而不是需要的系统。

将上万产品的检验参数输入到系统中是不切实际的，既无人力去作，又无法保持不断更新，系统变成不可靠的系统而无法应用。

在开发项目管理系统时，我们经常遇到这类目的不明确的要求。造成的一个重要原因就是把管理和被管理的专业混为一谈。在管理工作上我们也经常看到管理人员深入到不应当深入的领域，可谓抓不住重点。

22. 信息系统成功的关键

建立信息系统是今天每个工程必须进行的工作。但无论东西方，信息系统失败的可能性都很大，投入上百万元不见成效的例子比比皆是。有趣的是，因为建立信息系统，添置了一大堆微机、服务器、网络、打印机、扫描仪等高级设备，编制了林林总总一大叠报表和绘图，人们还真不容易承认新的信息系统是个失败。

我的一位同事对信息系统是否成功有一个简单明了的判别方法。他说，在信息系统投入之后约三个月，问一个管理人员要数据，如果他说，"请您等一等，让我打开系统查查"，这个信息系统就成功了。如果管理人员仍然说："让我看看我的笔记本"，那么这个信息系统就没成功。换句话说系统成功与否，关键是不是真在用。

那么系统成功的关键又在何处呢？

第一是明确目的，建一个需要的而非想要的系统。地理信息系统 GIS 是一个谈得多，建得不少，但用得很少的信息系统。人们往往把其设计为包罗万象的系统，结果因为拿不到庞大的坐标数据而无法使用。其实大多数坐标是不需要的。

第二是不要期望奇迹。如果项目或企业的工作流程一塌糊涂，不可能建立有效的信息系统。只可能建立一个为了显示现代化而建的中看不中用的系统。

第三是管理人员必须参与系统的开发。信息系统是为管理人员用的，是为了取代部分脑力劳动的，管理人员不能置身事外，尤其是高层管理人员。通过系统的开发，管理人员学习了信息技术可以为其作什么，理顺了其工作流程；系统分析人员通过管理人员的参与，判断出需要的和想要的，使系统切合实际需要。

第四是见好就收。系统开发给人错觉，似乎可以任意改动，人人全可以参与具体设计。于是经常看见用户的参与就是对表格的形式，字体的大小，屏幕的颜色没完没了的建议和修改。很多用户一坐在微机前就有了丰富的想象力，却从没对系统的功能上下工夫研究一下。更有的领导的理由最可笑："我不喜欢这个样子"，于是领导一换，系统大变，成了皇上的新衣了，把系统搞成了门面装饰，又怎么会成功呢？开发信息系统和施工工程一样，要分析需求、可行性，定出工作范围，设计，开发，检测，然后投产。没有人在大楼完工之后说，我现在不想要方型的楼了，请你给我改成圆型。软件开发也同此理，必须把握住既定的工作范围。

23. 买系统还是建系统？

在"文革"时，刘少奇的罪名之一是讲"造船不如买船，买船不如租船"。说起来他这话还真有些道理，特别用在今天的软件系统上。可惜批判刘少奇的思维方式并没有因为对刘少奇的平反而消失，看来彻底否定"文革"在经济发展策略上也是必要的。

对于信息管理系统，目前中国主要是各单位开发各自的系统，各工程开发各自的系统。不妨分析一下自行开发可能存在的问题：

● 大型系统开发周期长，在开发阶段无法使用，对于工程项目来说，两年的等待时间是太长了。

● 系统工程和其他工程一样必须有总体规划，制订标准。在工程开始相当时间之后才颁发标准意味着恼人的标准转换无法避免，而企图调和标准转换的努力，又必然推迟系统的使用，造成更困难的标准转换。

● 系统的设计，开发和运行和临时系统不断发生冲突；数据转换的工作量非常大，使应当使用数据的管理人员反而陷入准备数据的事务。这恰恰是违反了建立信息系统的本意。

- 对大多数工程来说，信息技术不是相应管理人员的专业。他们为开发信息系统付出的时间，成本和代价(既国内称之为学费)对他们本行来说是没有多少价值的。各项目的重复开发必须重复付学费，却没有再利用的价值。
- 开发信息系统不是一般项目甚至企业的目的，使用信息系统才是他们的目的。建机场的花费大量精力去搞信息系统是不务正业。在今天没有几个企业为了使用汽车而去研制汽车，西方公司连汽车的维修和保养全不管，用车时租就是了，为什么非要用自然经济自给自足的方法去应用市场经济的技术呢?
- 开发信息系统和建设其他项目一样全是复杂的专业工作。信息工程的难点不在于软件的开发上，而在于把先进的管理哲学和行之有效的工作流程通过信息技术(IT)编入软件之中使管理的规则提升为可以操作，可以遵循和可以检查的机制。要达到这一目标，管理专业人员必须在系统开发中充当主导，而不是由系统人员或软件开发人员主导。软件人员的工作是实现管理人员的要求，通过IT技术来体现管理。由于国内项目管理刚刚开始，大多数项目系统是由系统人员一手操办的，常常只能起到简单收集数据的功能，严格讲还不是PMS。
- 大型信息系统不但需要很长的开发周期，更需要相当一个试用周期才能趋向稳定和可靠。这是软件开发的特点，往往为人们忽略。即便是微软的软件如 Windows, Windows95, Microsoft Office 也是要几年才能成熟。
- 不要低估软件开发的成本，其花费不比土木工程低。惟有批量生产才有效益。为单个项目开发系统，往往得不偿失。

选购软件仅仅是建立系统的采购部分。系统建立的重点是工作流程或管理方法。好的软件可以既要体现经过实践检验的管理哲学，又要适应计算机系统软件和硬件的不断升级。如果你能够以低成本达到这个目的，就自建系统，否则我建议还是买或租(即买使用权)系统，除非你的系统太特别，没有商品软件供应。

24. 数据库要几个?

数据库要几个似乎是个不成问题的问题，但要真正回答这个问题却又不那么简单。数据库是把资料或称之为数据的信息通过某种结构组织在一起的存储机制。计算机的物理储存机制是通过磁盘实现的，通常称为物理数据库。与之相对的是逻辑数据库。这是说相互关联的信息通过设计的结构组织在一起，成为一个逻辑数据库而不管在物理上是存在一个或几个磁盘上，不管这些磁盘是放在一个地点或几个地点，亦既逻辑数据库是不管由几个物理数据库组成的。对于绝大多数用户来说，物理数据库是不要他们考虑的，对他们有实际意义的是逻辑数据库。

现在我可以回答数据库要几个的问题了。我的答案是数据库只要一个，也必须只要一个，一个逻辑数据库。这里涉及到数据分享和数据增值的根本原则。不妨举ATM银行取款机使用的数据库，即储蓄账号数据库为例。当储蓄户在一台ATM机器前输入账号和密码之后，该系统首先通过当地的物理数据库检索这位用户的信息，如果查到此用户的账(数据)，就根据这部分数据进行处理，如果查不到，就根据该用户银行卡提供的信息到另一个可能是相距上千公里之外的物理数据库去检索。对于取款人来说，他根本不知道什么数据库，对于编制取款程序的软件开发人员来说，他只和一个逻辑数据库打交道。至于物理数据库到底在哪里，他不知道，也没必要知道，恐怕也不会让他知道。从信息系统的角度来说，不可以有多个数据库，不可以有北京储户数据库，上海储户数据库，广州储户数据库……因为逻辑数据库一旦分开，就无法提供跨地区的服务，北京人就不能到上海取款（道理不言自明）。

但中国开发的很多管理系统是多个数据库各自为政。比如会计系统有会计数据库，人事系统有人事数据库，计划合同部有计划合同数据库，文档部门有文档数据库……其结果是数据无法共享，无法在部门之间流动以增值。人事部门的相当部分信息必须在会计部门重复建立，否则发不出工资来。时间长了，同样职工在几个部门的信息全有差别，你说相信谁的？工程成本也是这样，所以不同部门的成本统计全不一样，莫衷一是，如何成为决策的依据呢？

更有甚者，竟然有在职职工数据库，退休职工数据库，离退职工数据库，职工教育水平数据库，职工业务职称数据库，令人眼花缭乱。一名职工在职的信息储存在一处，退休了要从在职数据库删除，重新输入（或转换）到退休数据库，或者是离退数据库。不但要不停地处理信息，而且用户无法把历史资料和现况联系起来。这种设计是信息业务的伪劣产品。

25. 建立 PMS 的第一步——信息中心

要建立项目管理系统，首先要建立一个专门的机构来负责。这个机构通常称之为信息中心。在国内人们往往把信息中心看成是计算机中心，从实践来看，这并不妥当。

北美洲的计算机中心是约在 40 年前由大企业的财务部门建立的，因为民用计算机是首先应用在会计方面。当时这个财务的下属部门多称为计算机中心，其业务是数据处理（Data process）到了 70 年代末期，电子信件开始应用，计算机的应用才开始渗入到其他部门。在 80 年代文字处理的软件和电子表格的出现，开始了办公室自动化的先声，计算机不再主要为财务部门服务了，逐渐成为公司直属的部门，多称为计算机中心。其对公司的计算机硬件采购，安装和维护，软件的选型，开发或采购，程序的应用培训和运行依据以及数据的安全、储存负责。当时的计算机系统是由主机和终端组成的内部网络，利用租用公共线路或建立私有线路实现公司内部的异地连接。

80 年代中期微机（或称个人计算机 PC）的出现，冲击了这一组织形式，很多部门完全摆脱开计算机中心自行添置微机。成熟的商业软件使这些部门可以不再依赖计算机中心的支持。但到了 90 年代，局部网的优势逐渐突显出来，大型数据库的应用日益普遍，信息共享的要求使统一的信息部门应运而生，称之为信息中心。那么信息中心和计算机中心有什么不同呢？

顾名思义，计算机中心以计算机的硬件和软件为主，是为其他部门提供和计算机有关的服务的。而信息中心是以信息为主导，尽管离不开计算机技术。信息中心的根本服务是维护整个公司的信息收集，标准，储存，安全和维护（包括复制和备份）以及和外部的交换。信息中心直接对公司的 CIO（Chief Informtion Officer 信息主管）负责。公司的 CIO 地位往往仅次于 CEO（Chief Executive Officer 执行主管）。

讲了这段历史，就可以容易明白信息中心的人员组成和工作目标了。信息中心的人员除了计算机硬件，软件和网络人员之外，还要有对公司信息需求深入了解的人员，要有负责的数据库管理人员和信息安全负责人员。信息中心必须有上层的直接支持(虽然 CIO 并非信息中心的成员)。至于信息中心的任务已在上一段讲了。要建立 PMS 首先就要有这样一个永久性的班子,光靠几个计算机技术人员再加上几个大学计算机教授是不成的。

信息中心的另一个重要职责是培训,以后有专文介绍。

26. 建立 PMS 的第二步——编码和标准

项目管理系统的根本目的是交流信息。信息不但包括项目的成本、进度和质量等数据而且包括管理规则和工作流程。各个部门对信息的使用方式不同,习惯不同,管理的规则和工作流程也不尽相同,这好比不同国家或地区的人讲不同的语言,遵循不同的法律。可想而知,在交流时就必然产生阻碍。

不同语言之间的交流需要翻译,不同信息的交换在信息技术上称之为系统交互(Interface)。尽管有无数软件号称系统是开放的,有无数软件提供各种转换的手段,但既然要转换,交互就不可能是"无缝"交互,信息流通就不能完全畅通。作为国际会谈,使用优秀的翻译是受人欢迎的,作为内部会议也要使用翻译就无法令人接受的。在信息系统内部,必须有统一的语言,这就是统一的编码。

处在信息技术普及的今天,参与任何项目的任何部门和个人均在使用和制定一些编码,比如合同码、会计科目码或人事码。但这些码全是从本部门或个人的业务需要编制的,没有全局考虑,没有权威性也没有信息专业性。但这些编码会有顽固性,一旦使用,就不愿被改变。在建立 PMS 时,统一编码是一个劳心、劳力又得罪人的事,却是非办不可的基础工作。

信息中心的人员必须先进行调查,确定编码结构,由编码的使用者完成码的具体内容。编码结构和管理规则,工作流程密切相关,定得好,管理就方便;定得不好,管理就麻烦,千万不可掉以轻心。编码是一技术性很强的工作,不应该企图调和各部门的分歧,搞出一个不伦不类的编码来。调查是调查编码的事物或物资的特性以及管理和使用目的,以决定编码结构(例如编码层次和长度)。对正在使用的、带有复杂信息,好像密码一样的编码,信息中心必须摈弃。

编码必须有权威性。在确定编码结构、由使用部门完成具体编码之后,交由 CIO 批准,成为公司或项目标准,强令全公司或项目执行。

和编码相似的是信息标准,包括信息名称、度量单位、报表格式、信息授权程序、安全规则、软件安装规则、升级规则、密码规则、备份规则、硬件更新、维修规则等等全要由信息中心提出方案,形成文件,由公司或项目负责人通令全体人员必须执行。

27. 建立 PMS 的第三步——改变观念

观念(Concept)是一个根本的认识基础。观念不通,纵然讲了长篇大论,收效依然甚微;观念通了,一通百通;往往有举一反三的效果。项目管理的改善归根结底在于管理观念的改变。笔者管理专栏所说的并没有什么高科技,更没有什么商业秘密诀窍,无非是谈观念问题。以笔者的实践,建立管理信息系统(PMS)的过程,应当是对所有管理人员进行管理观念更新的过程,否则新的 PMS 是无法发挥效益的,甚至落得束之高阁的命运。

比如没有信息共享的观念,各部门、各人之间把资料作为自己控制权力的手段,数据库就没有多少可用可信赖的资料，设计再好的PMS又有什么用呢？再比如各部门会设自己的会计，强调其财会与众不同，拒绝统一的会计流程，PMS又如何集成总项目投资呢？

为了减少推行PMS的阻力，信息中心应当从工作开始就展开培训，从观念的培训着手；从高级管理人员开始，一层层举办项目管理学习班，改变观念。在此基础上，管理系统的用户才会和管理系统的开发者有了共同语言。只有这样，管理用户才能在下一步的需求调研时提出切实的要求，才有能力区分需要的和想要的，才愿意和开发人员一道制定标准，才肯静下心来认真学习使用PMS。如果管理人员的观念没改变，他们能有一万条理由封杀一个优秀的PMS。

28. 建立PMS的关键——第一把手的参与

讲了建立项目管理信息系统的三个起始步骤，那么PMS成功的关键为什么是第一把手的参与呢？管理系统是企图取代人们部分管理的工作，当然要满足管理者的需要，而第一把手就是PMS的最重要的最终用户。

笔者把PMS的用户需求分成战略需求和战术需求两大方面，人们往往对战术需求给予了应当的重视，却常常忽略了战略需求。战术需求是指对管理具体流程的要求和对保持项目进展的日常数据要求。战略需求是指项目管理高层为了控制整个项目对信息的内容和时间的要求。如果从信息控制授权上看，很有意思，对战术需求包括对数据更新，修改和删除的授权，但没有什么人有权检索所有的数据。而对战略需求，基本上是可以检索任何数据却不能变更任何数据。因为第一把手不具体操作，却必须能随时了解任何和项目有关的资料。这又涉及到观念的问题，不要以为既然是高级主管就一定是万事通，改变观念必须从高级主管开始。

建立信息中心，物色合适的人选，确定其工作职责要得到第一把手的认可；制定信息标准，统一编码，涉及多方利益，必须由第一把手发话才好统一；到系统交付使用时，相当一批用户会反对使用，特别是正在使用临时系统和部门独立系统的用户，非要第一把手下命令，限定日期不可。为了能及时得到第一把手的支持，PMS的负责人必须"走上层路线"和第一把手保持密切联系，了解他的工作方法，管理风格，其工作的轻重缓急，使之对PMS的进展有清楚的了解。具体说，应当每个月至少有一次单独讨论，大约一小时。这是非正式的、私下的，以沟通为目的。在每个关键阶段（里程碑）应当邀请包括第一把手在内的高级主管参加决策会议。这是正式的，以行政方式肯定前阶段工作为目的，防止某部门或某位高级主管心血来潮，一句话让你推倒重来。

29. 如何避免因为工程项目的进展而不断修改信息系统？

据说软件是最容易修改的，因此不少PMS系统陷入无休止的修改之中，好像诺大的项目不重要，开发完美无缺的软件才重要。这一外行的看法和做法使得不少项目经理怕用PMS，尽量少用PMS。其实PMS和任何工程一样，永远不会是十全十美的，更不可能令所有用户称心如意。

由于真正的PMS是横跨项目多个功能的，有十几个部门同时使用，因此很多设置是权衡之后决定的。如果从一个部门来看，也许该部门某些用户的要求是合理或可行的，但从整个项目来看，可能就行不通，现行的设计就是差强人意。也有时单个部门的要求恰恰是不对的，只因在一个部门内，大家习以为常，并没有觉得不妥，到了集成系统，问题马上突显出来，其流程必须修改。笔者建议对于新用户来说，先不要持挑剔的态度，先深入学习一下使用，了解为什么。

至于个人的爱好，如屏幕颜色，字体格式和大小，内容的罗列方式等不应当成为考虑的因素。其实成熟的系统在这些方面也是下了一番功夫的。

那么管理的组织结构在变化，系统又怎能不变呢？大型工程开始时主要是设计和辅助工程如道路、桥梁和生活设施的施工。到工程中期主要是主体施工，大型设备采购；而到了工程后期，设计几乎没有了，辅助工程也基本停止了，但需要成立投产和启动部门以便工程交付使用。显而易见，大型工程的施工组织结构是动态的，几乎不停地变化，如何使PMS应变呢？

关键就在于从特殊性中找到共性：组织形式会变，但执行工程建设的功能不会也不应当改变的。举个例子：如何采购是由既定的采购流程规范的，是所谓的制度，无论谁来采购必须遵守。在PMS中，是储存了这个规范的采购流程，强迫参与采购的各阶段的人员照章办事。至于采购由一个部门负责还是几个部门分别负责或各部门独立负责是根据工程进展的种种条件决定的，也可以随时调整。这种调整，是授权的变化，不是采购流程的改变，在PMS中通过授权的变更就可以达到，完全不需要也不应该改变程序本身。

平时大家常讲管理规范化，规范化的目的就是政出一门，不允许各自为政，似乎大家全理解。不知为什么一到搞信息系统了，各部门纷纷强调其特殊性，非把一个项目系统搞成东周列国。我想大概还是小而全的小农经济观念在作怪吧。

30. 管理系统的升级和兼容

管理系统的更新换代或称之为升级是一个很头疼的事，业务需求和商务需求往往混在一起，稍不留神就花了钱还误了事。

众所周知，信息技术（IT）是日新月异，是人类有史以来发展最快的技术。这从科学技术的进步来说当然是好事，但对你的项目却未必是好事。

不少商业成品软件几乎年年更新，添加新功能。问题是绝大多数用户需要的功能早已基本满足，绝大多数新功能是锦上添花，不值得为了这低于5%的新功能再花费30%以上的成本。试比较一下微软的办公室（MO），Office 97和Office 2000，就可以明白你不需要耗费近乎添置新软件的昂贵费用去更新版本。你正在使用的版本完全满足你的日常工作需要。

如果问题就这样简单，更新的问题就不成为问题了。实际的情况却很复杂。通常软件商只支持两个版本：正推出来的新版本和前一个版本。如果你的文件'过于落伍'，将来你就难以转换数据，你也会发生和他人数据交互的故障。这种潜在的版本冲突会迫使你在本身不需要新版本时必须升级，我称之为商务需求。

所以在考虑PMS升级时，要分析清楚业务需求和商务需求，作为判断的依据。通常项目的周期不会很长，和外界信息交互的要求并不严格，没有必要赶时髦，非要更新换代。要知道系统升级和换个更高级的小汽车坐坐不同，除了更新的直接费用，千万不要忘记了更新的间接费用。这笔费用包括数据转换，用户培训，系统调试，技术修订，往往比直接费用要大得多。说来说去，项目经理是搞项目的不是种软件试验田的。不要被想要的迷了心窍，忘记了需要的。

好的 PMS 应当是开放的系统，就是说，该系统可以方便地和其他系统交互（这称之为兼容性）。这种兼容性可以协助用户在不频繁升级时仍旧可以和外界方便地交流信息。

据说中国在评定企业成绩时曾经把是否使用计算机作为一个判断标准，这是为现代化而现代化，除了增加成本外，没有什么经济效益。请看一看全世界的机票定位系统，至今还不是 GUI（窗口）格式的，可以作为笔者对系统升级议论的旁证了。

31. 对信息系统硬件的考虑

建立 PMS 当然离不开恰当的硬件。硬件在今天除了指计算机、打印机、绘图仪、扫描仪之外，还应包括网络设备。和软件一样，信息技术的硬件也是日新月异，几乎每个月会有更强大处理能力的微机推到市场上来。在信息系统的硬件选择上就面临如何考虑的难题了。

经常有人问笔者："到底是 IBM，惠普（HP）还是康派克（COMPAQ）好呢？"，"联想的台式计算机能不能用呢？"笔者的回答是"这些计算机，包括联想的台式计算机全很好，关键是你需要什么样的计算机，要用计算机干什么。"

对于一般人来讲，计算机就是计算机，差别只是在速度、内存和硬盘上，似乎性能越多越新越好。其实衡量好坏的标准是能否满足你的工作需要，不存在抽象的好坏。即便在一个信息系统里面，不同的用户也有不同的需求。

对于大多数领导来说，计算机主要是收发电子信件，处理文件，使用电子表格。他们不需要高档的计算机。如果这些领导经常携带计算机出差，则配备中低性能但超薄的便携式为好。

负责进度的人员，如果使用类似 P3 的进度软件，则需要高速的台式计算机以便进行模拟。运行 CAD 三维作图的工作站当然需要大屏幕显示器，高速集成线路，大容量内存；至于硬盘则取决于是单机还是客户服务器系统，因为后者的信息主要储存在服务器而不是客户工作站。

如果是为企业选择设备，不妨考虑有一定的前瞻性，不必使用两三年就大批更换。如果是为一个为期三四年的工程选购，就不必要最新的，因为工程结束时使用过的计算机即便维护良好，也卖不出什么价钱；虽然市场上软件天天变，作为工程用的软件不会也不应当有大的更改，无需新的硬件去适应。

大家会知道计算机无论硬件还是软件日新月异，价格却不断下降。用户的对策应当是以不变应万变：今天需要的今天买，决不今天买明天需要的。为此系统计划必须考虑周详，在逐渐增添硬件的同时保障系统的集成性。

如前所说，多数厂家的产品全不差，因此选择厂家的标准要立足在售后服务上。真正应用的计算机发生故障后不能停工等几天才维修。售后服务也不是绝对的。有的厂家售后服务非常好，但在你需要的城市或地区没有定点服务也对你来说就不好。

高性能的服务器要求高标准的维护，你的技术力量能否满足其要求也是必须考虑的。比如镜像同步热备份固然可以保证不丢失信息，但没有好的系统管理人员，这个性能是无法使用的。再说施工工程不是银行取款系统，真有必要实时备份吗？那可不是仅仅多花几万元的事。

归纳一下，选购硬件要从需要着手，重点不是品牌而是售后服务。领导和系统人员有求新求大的倾向，他们提出的理由要经过驳证才决定是否接受。

32. 数据不是越多越好

几年前曾经有一位大学教授在《电子计算机世界》上发表文章谈论信息的归纳，条条是道，于是被请到一个大工程主持数据分析。在该教授的主持下，掀起了用户视图制造风，不少管理人员苦思冥想还需要什么用户视图。什么是用户视图呢？用信息技术的术语讲就是用户需要的信息种类，用通俗的话讲就是报表。由于这为教授缺乏实际经验，崇尚教条，结果收集了四千多种数据而无法收场。因为数据不是越多越好。

对于项目管理来说，是要及时掌握项目的成本，进度和质量，把实际发生的成本，进度和质量与计划进行比较，找出差异，进行分析，作出对策。数据的收集是为了达到这个基本目的而不是为了收集数据而收集数据。不要觉得某种数据可能会有用，而是复查用了哪些数据，缺了哪些数据。

收集数据是一个费时费钱的工作，必须考虑由此产生的成本。把大批无用的数据编入数据库，不但增加编程的难度，而且复杂了有限的屏幕，难于使用。收集这些数据更是耗费精力，一旦收集不全，往往导致整体数据失去可靠性。结果大多数数据成了曹操的鸡肋：弃之可惜，食之无味。管理人员不能把精力集中在分析使用数据上，反而本末倒置整天收集归档。

数据处理英文叫 Data Processing，即数据的提炼，是从繁多的数据中把有用的数据及时提炼出来，绝非罗列出来。一个著名大工程的负责人对笔者说："我并不缺少数据，你看我案头的报表还少吗？但是我仍然找不到我需要的数据。"笔者认为这位负责人看到了问题的本质。今天建立管理系统不是把重点放置在收集更多的信息上，而是要放在如何为不同层次的用户提供他们需要的有用的信息上。

讲实话，利用今天的IT，收集数据并非难题，几乎人人可以办到；但把信息组织好，分门别类，层次分明地提供出来却各有千秋，正是管理系统的质量的一个重要方面。

处理数据还要区别管理和具体业务的不同。例如会计必须把每一笔账记录下来，即便是小项目，一年下来也会有成千上万的数据。但是作为项目经理，他不需要如此详细的数据，他需要的是总账，以便和概算比较。如果把每天的会计明细账，物资调配明细账，文档往返记录通通打印给项目经理，恐怕是对项目经理封锁信息的最聪明的方法。

33. 软件工程的误区

笔者曾经有过一个上司是工程师。他说："你们系统工程好像是水母，伸缩性太大，不像我们盖大楼，需要什么全清清楚楚的。"这是非常形象地描述软件工程的特点。软件工程的范围不好确定的确是软件工程的基本特点。基于这个特点人们对软件工程往往有种种误解。大约是如下几个方面：

1. 软件如何开发由用户说了算；
2. 好像软件可以改来改去；
3. 软件工程是低成本的工程；
4. 软件工程的文档只是个形式。

下面通过分析这些误解来探讨软件工程的特点：

1. 软件如何开发由用户说了算

开发软件的标准程序是先作用户需求分析。但人们往往忘记了分析两字，以为用户需求就是用户说了算。其实需求分析的关键是区别用户想要的和用户需要的。而用户需要的往往不是某一个两个具体工作人员可以决定的，系统分析员必须对用户提出的工作流程进行分析，而不是简单地由用户说了算。

用户往往忽视工作流程，却倾向收集更多的数据。系统分析人员就要分析这些数据有什么作用，能否收集到。即便收集到，花费的代价和数据提供的作用是否等值。比如工地上每一个临时变压器的位置是有用的，但一定要有变压器的坐标数据就没有必要，也不可能准确地收集到。再比如总承包的施工集团真正出工的人数表面看来是有用的数据，但在大工程上是无法准确查点的。与其花费时间和精力每天收集这种不可靠的信息，不如根据合同验收其完成的进度和质量。

很多用户的要求往往是从自己或小部门的独立角度考虑提出来的，也有不少是没经过深思熟虑就提出来的，软件开发人员要从整个信息系统的角度来考虑，要反复思索分析。这和看病相似，医生的职责是根据病人的陈述作判断，不能说病人要什么药就开什么药。

2. 软件可以改来改去

表面看来程序修改是很简便的事，不过是在键盘上敲打几下的事，所以以为软件可以改来改去。但人们忽略了每一个程序全是整个系统的一部分，牵一发而动全身。这和建筑工程的道理是相同的：把原本 50 瓦的电灯改为 100 瓦并不难，但加大用电量，对线路的负荷和防火全会产生影响，没有对全局的分析和调整，这种随意的改动是不容许的。正因为对软件范围不易确定，任何修改必须要分析对系统的影响，要按既定的工作程序决定是否批准修改，如何修改，何时修改，要进行设计，要有记录。

3. 软件工程是低成本的工程

软件工程是由系统人员在办公室完成的，除了计算机设备和差旅费用之外，似乎就是程序员的人工费，所以人们往往以为成本不高。特别认为中国人工价格低，软件成本自然低。但我们若算一下细账就知道了软件工程成本不低。

国内通常雇用大学教授、讲师带领研究生开发软件。每人每月的收费可高达 2 万人民币。一个子系统比如物资控制通常要 70 到 100 万人民币。加上硬件，网络设备和软件工具，一个子系统的成本可达到 200 万人民币。开发之后要转录数据，要维护，也是一大笔开支。为了配合系统开发，用户要付出大量时间和系统人员配合，时间就是金钱，这是大宗的隐性成本。在决定进行软件工程时，一定要好好计算成本，搞好预算。千万不要以为软件工程便宜，轻举妄动。

4. 软件工程的文档只是个形式

没有人公开说"软件工程的文档只是个形式"。相反软件工程验收会上要看的主要成果之一是一叠叠的文档。但这些文档几乎完全没用。人们既不能用这些文档了解系统，又不能以此作为修改的根据。绝大多数的"智慧"依然在系统人员的大脑里。有了问题非把原来的程序员请回来不可。可以说不少软件的文档是事后赶出来的，徒有形式。

造成文档走形的原因：一是开发人员不肯交出来，迫使用户长期依附开发人员；二是开发人员没有分工，分析、设计、开发、调试和检验一脚踢，不觉得文档有必要，整天陷人开发，根本没用时间来编写。可以肯定这样的软件是质量不高的。是用自然经济的手工作坊的方式生产，怎么能是高科技呢？

软件工程的误区当然不只这四个。但这四个却令软件用户付出巨大的代价，得到很小的收益还不知道哪里出了问题。

34. 再谈标准化

管理规范化是报上、会上常提的口号。可是人们并没有深入去探讨管理规范化的涵义和必要性。为什么笔者这样武断地说呢？因为在中国的软件市场上，成品软件比重不大，各个单位会组织人力开发自己的软件。他们的理由是"我们的业务特殊，商品软件满足不了我们的需要"。大家太强调部门的特殊性，不去追求统一性，即是说把特殊性凌驾在规范之上。

规范在某种意义上讲就是标准化。把设备的标准化拿出来看一看就可以推论管理规范的效益了。

在美国和加拿大，有几百种洗碗机。价格和性能有很大的差异。但这些洗碗机的高度，宽度和深度完全一样。厨房柜台的高度和深度也是标准的。因此只要有地方（宽度）买什么洗碗机全可以用，换什么样的洗碗机全不必担心安装不下。这不仅为用户带来方便，节省了开支，而且降低了洗碗机的生产成本。

在中国电器设备的插销往往和室内的插口不一致，常常发生带来的设备因为插销不配，临时无法使用的恼人的事。这在北美洲就不会发生，因为任何地方的插口全是一致的。

管理规范也是同样道理。所谓规范，就是统一管理流程，选择高效率的流程作为管理的标准。例如对采购的管理，应当选择的流程是既可以有效控制采购，又可以提高采购速度。无论是采购办公室用品，还是设备、大宗物资，管理方法是一样的。不同的仅仅是授权的部门或经手人。这样的采购管理在某些具体采购上也许有一些不方便，但从整个工程来说，流程清晰，执行人员熟悉相关步骤，消除了随意性，信息流畅。无论从提高整体效率，成本控制，还是防止弊端来说全是有益的。

进行管理的具体人员往往过分强调特殊性，原因主要有这样几个：
- 局限于具体工作，缺乏全局观点
- 熟悉既往的工作，不愿意改变
- 习惯于手工操作，不理解现代化工程对横向联系的要求

笔者在工作中往往听到这样的回答："你说的很好，但不符合我们的情况"，却讲不出来到底在什么流程上有不适合的地方。这样就把特殊情况变成了管理的绊脚石。其实管理的技巧就在于从特性中找到共性，也可以说就是致力于管理标准化。

35. 管理人员的培训

现在大家会认识到管理人员的培训是非常重要的。在中国管理讲座是一个热门，笔者也有幸参与了一些讲座。至于有关项目管理的书，撰写的、翻译的、编写的和编译的可谓汗牛充栋。于是就提出一个问题：哪些管理人员需要参加项目管理培训，管理人员的培训应当如何开始，重点是什么，主要内容又应当是什么？下面笔者想根据自己的经验谈

一谈。

笔者对几百个来自设计院、工程局的领导和项目经理作过讲座。大家听完之后，普遍的反映是：您讲的很好，但光对我们讲还不成，还要对业主的领导讲。为什么项目管理由承包的单位进行，业主也要培训项目管理呢？其实这恰恰说明项目管理的一个基本要求——横向交流。任何一个项目全需要参与项目所有人的共同努力，需要每一个参与人员知其所以然。既然业主和承包管理的人各有分工，专业重点不一样，共同的培训是什么呢？笔者认为这就是管理培训的起始点：项目管理的观念。如果业主和承包方对项目管理的观念不一致，承包方有再好的管理流程也是无用武之地的。

比如承包项目管理的单位采用进度软件对项目的工序进行分解，反复推算相互制约关系，优化工序，制定了可行的时间表。而业主却根据非技术的原因提出一个不实际的完工日期，要求赶工，项目经理又如何施展其管理的技术呢？可以想见的结果是双方关系紧张，项目经理权力被削减，业主被迫介入本不准备介入的管理，职责日益混淆，进度、成本和质量全无法保障。

这说明培训的对象必须包括业主和承包商双方的管理人员，通过项目管理观念的培训达成管理共识。目前看来国内的项目培训往往缺乏了业主这重要的对象，限制了培训的效率。同样培训的首要内容应当是项目管理观念而不是具体的操作。

具体的项目管理技术对高层管理人员可能并不重要，他们可以依靠成本专家、进度专家、采购专家等等专家进行。但这些高层管理人员必须明白上述的专家在做什么，为什么这样做，从而支持管理专家而不是干扰他们。

从内容上讲，观念的重要内容是信息分享，或者说横向交流的必要性和手段。信息系统和网络系统的建立，管理的规范，职责的明确，管理计划的执行全是建立在横向交流的观念上的。

对于具体工作的管理人员，无论他们是否可以称之为管理专家，他们必须得到不断的专业培训。在目前中国，笔者认为成本控制和项目分解是首要的。

一些参加培训的人员期望通过几天的学习就可以掌握某种窍门，使他们的管理水平有一个立竿见影的提高。不幸这是办不到的。具体的管理专业，例如成本控制，至少是要选一门课，一步步学来的。项目管理讲座是无法完成项目管理的全部培训的，但这种讲座是一个很好的开始，如果项目管理讲座能够从管理观念入手。

36. 如何避免给马路安拉链？

给马路安拉链是文革前说相声的一句名言。大概是侯宝林发明的。到底是不是他，还要请我孩提时的朋友侯耀华考证考证。但无论如何，说明马路上施工，没有协调，乱轰轰你挖完来我上场是由来已久的老大难问题。在今天百废待兴的中国大大小小城市，挖了修，修了拆，不但浪费了大批金钱和资源，而且严重地影响了市政秩序，有必要想一想如何避免了。

从信息的角度来看，这种反复施工的原因是缺乏横向交流，犯了项目管理的大忌。那么为什么长期解决不了呢？因为市政项目是由多个互不相干的单位或公司管理，谁也管不了谁。根本原因又在于这些项目的业主不是政府部门就是大型国有企业，个个财大气粗，没有协调，只有凑合与迁就的习惯。

从技术上看，由于市政项目隶属部门不同，其他部门动工的信息诸如工程地点，开工日期，施工周期，涉及范围和承办单位等很难获得。即便项目业主和主管单位经常举办新闻发布会也无法保证送达到其他项目主管部门。换句话说即便提供信息也将淹没在信息海洋之中，无法及时提供给需要的用户。

从经济上讲，过去公共场所的反复施工，仅仅给行人带来不便。人们虽然不高兴，也只好认了。但在商品经济的社会，反复施工会给附近的公司、商店、餐馆和娱乐场所造成巨大的经济损失，甚至能导致生意倒闭或破产，会引起一系列法律问题，不再是方便与否的'小事'了。对于自负盈亏的企业，无论财力如何雄厚，控制成本是生存的先决条件。而市政的开挖重建是非常昂贵的，业主不可能老不在乎了。

所以避免给马路安拉链就是当务之急了。其实在技术上也有了解决方案，就看如何实施了。如笔者前面多次提出中心数据库的信息共享，就是解决之道。中心数据库不再是由数据源（数据产生者）决定何时、向何人提供何种信息，而是信息用户决定何时检索何种信息。由市政府出面建立市政施工中心数据库，任何企图施工的单位、部门或承办的公司为了自身降低成本，会在工程计划之时检索相关的信息，提出协作的方案，分摊成本。

那么提供信息的动力是什么呢？如何保证有关部门和单位及时提供有用的信息呢？笔者认为这要从两方面着手：

● 市政府制定法规，把提供市政施工信息作为批准施工的必要条件，要规定提供的具体内容和时间（要提前多少天），要规定同一地区在若干期限不得重复施工，必须协调，否则要承担干扰费。

● 施工单位会从实践中体会到互通情报的好处，变得越来越主动。

在手段上除了中心数据库，笔者建议使用可以通过GIS（地理信息系统），任何使用人员均通过互联网进行查询。可以说节省一个重复开挖的钱，就足以建立这个系统了。

37. 项目经理要不要懂计算机？

不仅仅是项目经理，笔者经常听到人们略带歉意，略微不好意思地说："我不懂计算机"。笔者对此总是诚挚地回答："没关系，我也不懂计算机"

其实懂不懂计算机要看如何定义了。从计算机的基本原理来讲，是TURING的理论，笔者学过。但集成电路是怎么回事，笔者就不甚懂，硬盘、软盘和光盘的基本原理也可以说明白；但工艺上到底是怎么达到的，笔者完全不知道。编制应用程序干了很多年，但操作系统如何工作，微软窗口的内核，ORACLE的内核，笔者也不知道。这好比我们几乎天天看电视，到底有多少人懂得电视的工作原理呢？不懂得电视原理妨碍我们看电视吗？当然不妨碍。

如果说懂得计算机是指懂得计算机工作的原理和工艺，肯定的答案是项目经理不需要懂得计算机。这没什么不好意思的。计算机是一个工具，和其他工具一样，使用工具的人没有必要知道工具是如何制造的。真正懂得制造工具的人应当去制造工具，而不是仅仅使用这些工具。

项目经理如果能够使用计算机，在今天的信息社会当然有好处。这样项目经理就可以自己收发电子信件，直接检索数据库，及时得到项目进展的信息。但这不是必须的，项目经理的工作是分析信息而不是获得信息。

那么项目经理要懂得计算机的什么方面呢？项目经理必须懂得由于计算机的应用，管理的机制有了什么根本的变化，因而能充分提高信息技术的使用效率。这些根本的改变笔者在以往的文章中均反复提到了，现在不妨再强调一下：

- 信息储存的方式根本改变了，管理人员可以随时方便地调用信息，不再依赖报表收集数据了。
- 由于计算机可以不受距离的限制及时提供信息，管理人员的主要精力和时间应当放在分析信息上，而不是用在收集数据上。
- 由于中心数据库的技术，横向交流有了保障，需要建立规章制度推动横向交流。
- 计算机可以及时提供综合数据，管理的重点应当是根据历史信息进行预测，进行风险分析，管理需要着眼未来。
- 因为中心数据库带来了新的资料安全保密要求，各级管理人员和各部门的分工和职权必须清晰地确定。
- 计算机有强大的信息处理能力，拖拉不决，反应缓慢就失去了借口。
- 信息系统的建立是专业技术，不应当自己开发（没有运输公司自己开发生产汽车的）。
- 信息技术不但帮助收集，处理数据，更重要的是可以把抽象的管理哲学和复杂的管理流程变成可以操作，可以遵循并且可以检查的管理机制。

如果项目经理从这些方面懂得计算机，信息系统的效率就可以发挥出来了，管理的质量就能够大大提高了。

38. 提高效率依靠什么？

在"文革"前的大跃进时代，有一个"多，快，好，省"的总路线。在文革时，对提高效率有一个口号叫"大干，特干，拼命干"，还有一个口号是叫"小车不倒只管推"。可能目的一样，就是要发挥物力和人力到极限，以提高效率。我们不妨用项目管理的角度来看看这样能否提高效率。

项目开始时，首先要制定管理计划，主进度表和预算。在制定进度时要计算工作量，进而计算工时，计算设备的使用，维修时间，计算与此有关的种种费用。项目经理根据什么计算工时呢？当然根据一个劳动力每天不超过8小时来计算，根据每小时平均的工作量来计算。因为八小时工作不仅仅是人们文明进步的表现，而且是保持人体力持久的需要。项目经理如果按每人日工作12小时计算，就等于冒削减人工三分之一的危险，显然不是妥当的进度。也就是说项目经理不能把效率寄托在加班加点上。偶尔的加班是难以避免的，但长期驱使下属超时工作，不但效率下降，质量也必然下降，成本非但降不下来，而且会因为返工而上升。也许可以这样说除非改进了工艺，技术或方法，要两个人干三个人的活，是没有根据的计划。

有人可能说：你这是单纯计算观点，没有把工人的政治觉悟考虑进去，把工人仅仅当成劳动力了。但前面讲的平均劳动量是根据什么得来的呢？当然应当是目前中国劳动量统计的结果，不是国外劳动量统计的结果，是实际中国工人表现的反应，是符合中国劳工法律的劳动量。如果项目经理在估算劳动效率时不根据这些实际数据来进行，除了"好看"之外，还有什么价值呢？

曾看到报上说，某某软件专家不眠不休，一个月竟然编出一个计算机操作系统。说给外行听也许还挺激动人心，对内行来说，是不敢用这个操作系统的。如此复杂的软件，需要冷静的设计，细致的开发，反复的测试，周密的检验。这是高消耗的脑力工作，废寝忘食，昏昏沉沉，如何干得了？难道我们可以期望刚刚在"五七"干校挖了一个月防空洞的人能够在第二天的奥林匹克运动会上跑出个世界记录来吗？

提高效率不在于发挥人的体力的潜力，而在于发挥人的智力的潜力。凡是搞过施工的人全知道，在安排上只要稍微协调一点，就比多少人拼命干要效率高。如果管理一团乱，整天返工，越拼命干越损失大。

为什么要提高管理水平，还不就是要提高效率吗？所以说提高效率靠管理不是靠拼体力。

39. 真能创一流吗？

一流是国内非常时髦的词汇，不但在报纸上天天会看到，各个企业，商店，工厂，设计院和农业单位也经常举办种种创一流的活动，消耗了大量的时间和精力。那么我们有必要深究一下什么是一流，又如何"创"一流。

一流，国内往往翻译成英文的 First class。但笔者在国外很少看到使用 First class 是和中文涵义相似的。在交通工具如飞机，火车和轮船上人们使用 First class。但其涵义和中文的一流不尽相同。First class 是相对二等舱或经济舱而言的，有明确的比较对象。而且 First class 还包括某些特权在内，例如优先登机，专门的接送，超过通常允许的行李等等。First class 是一种商业规格，使用 First class 当然好，但不使用 First class 绝不是错！

因此笔者可以界定中文的一流是第一的意思。但这第一是和什么相比得来的呢？在商品上真有第一吗？比如上餐馆，固然餐馆有好有差，但根本不存在第一的餐馆。因为你喜欢的餐馆我未必喜欢，没有共同标准。时装更是如此，我女儿买的衣服基本上是我不屑一顾的款式，却件件比我买的贵。哪有什么一流的服装？购物中心有上百万种商品，同样的用品往往有上百种款式以期适应芸芸众生的需要。这些产品尽管有好差之分，尽管价格相差极大，却没办法找出第一的来。既然找不出来，又如何生产出来第一的产品呢？看来就只好"创"出来第一来了。照此分析，"一流"恐怕多是创造出来的，因为根本不存在一流。

也许人们认为在商品上可能是这样，在项目管理上就不是这样了。那么我们还是回到项目管理上来看一看。

从经济上看，项目无论多大，也是商品。项目管理无论如何重要，本身也是服务，即一种商品。项目管理是服务行业。因此项目管理遵循商品的基本规律。

从技术上看，项目的管理是平衡成本，进度和质量。任何一方面无法取代其他两个方面。对每一个项目这三方面的平衡均不可能有标准答案。成本，进度和质量的取舍完全取决于需要和能力。为平民百姓盖的安居楼在成本和质量上肯定不如高级商品房，但其建筑的进度却往往可以比高级住宅快。哪个第一呢？

那么和所有安居房相比，总可以有第一吧？不幸也还没法比。首先，安居房的对象也不完全一样，没有收入开销完全一模一样的群体。再说没有两套房子可以在同一地点建立，即便一座楼的不同方向效果也不同。如果说向阳的是一流，背阴的还算不算一流？

对大多数事务来说，没有第一，因为我们生活在大千世界。事务，包括商品，当然也包括项目和项目管理有好坏之别，却没有第一第二之分。为什么我们要花费那么大的代价去追求不存在的东西去呢？以笔者之管见，项目管理的最高境界是用户满意。

40. 什么是世界水平

谈了"创一流"，还想探讨一下另一个使用频率很高的词汇：世界水平的涵义。在中国今天设计院准备走出国门，往往提出要达到世界水平的口号，那么什么是世界水平呢？在英文中倒是有 World class 的提法，但更多的是讲 State of the art。笔者以为这种提法或可翻译为卓越的水平。

作为在海外长期生活的笔者，对国内频频提及世界水平心中多少有点不平衡。因为这一提法的内在涵义是中国水平至多是二流水平，不如世界其他国家。如果讲世界水平不包括中国水平，那么更不能笼统提达到世界水平，因为中国水平可能更高一筹。

德国人不讲世界水平。记得有一次德国人对我妹夫说："我们的火车不会晚点。""为什么？"我妹夫问。"因为这是德国火车。"德国教授回答。可见他们对德国水平充满信心。

美国人几乎不讲世界水平，他们的不少产品，技术，理论和研究是处于世界领先地位的。之所以这样说是因为其他国家很多产品，技术，理论和研究是从美国引进，借鉴和启发下进行的。

水平是一种比较的方式。世界水平应当是对世界全面衡量比较的结果。问题是由谁来评比？根据什么？有多少参加评比的对象？评比的时间范围是什么？中国努力达到的水平是什么时候提交去评比的？评比可有权威性？显而易见这些问题基本上是没有答案的。换句话说，是不存在世界水平这一说的。

在项目管理中说来说去是对成本，进度和质量的综合控制，没必要，没有时间，没有精力，也没有可能进行世界范围的评比。项目管理是对委托人（往往是业主）负责。业主满意就有了信誉，这比世界水平要重要。

追求虚无飘渺的世界水平的另一个原因是一元化思维的结果。认为世界上事务全是一维的，可以彼此轻易地比较。项目管理是多维的非线性事务，不存在简单的比较方法。可能会比较出伪劣的产品和服务，却比较不出最好的项目管理。作为项目经理，一定要作好本职工作，把握好方向，为业主尽力，不断优化项目，方是正业。

41. 伸手要权对不对？

过去批判政治上的野心家，往往有一项控罪，就是说此人向组织要权。因此至今伸手要权似乎仍是很不光彩的事。但在项目管理的领域，事情好像复杂一些。

诚如笔者前面所说，项目管理是要层层授权，职责分明，才可以控制得了一个大项目。权要授下去，就一定有人要权。换句话说，接收管理任务，就是接收相应的权力。也可以说主动请缨参与管理，就是伸手要权。

无法想像一个管理人员承担重大的管理责任却无权决策。把权力和责任分开的直接后果是管理混乱，既人们常说的：管事的不作主，作主的不管事。大家全受过这种困扰吧？

如果把权力作为管理的必要条件，项目经理的第一件事就是向其委托人，无论是上司还是组织伸手要权。项目经理的伸手要权实际上就是要搞清楚其工作范围。凡是无权的事就不是这个项目经理的工作。项目经理不仅要伸手要权,而且必须把权要够,要充分。项目经理必须根据其工作范围来考虑其获得的权力是否充分。如果授权不充分,项目经理必须去争权,不然只好不承担那部分工作。

当然如果仅仅把权力看为一种利益,待遇或身份的代表,伸手要权自然就等同伸手要利益却不负责任的不劳而获的品质。如果出现这种事,恐怕主要责任还不在伸手要权的人,而在有权授权的人,因为委托这样的项目经理的人大概就是一个不负责任的管理人。正是他们最怕人们说"伸手要权"。

42. 集思广益和力排众议

管理和民主是风马牛不相及的两码事,笔者已有专文谈到了。把集思广益当成作风而不是工作方法似乎也同样陷入了误区。什么是集思广益呢?笔者认为用信息的术语来讲,就是横向交流。我们作为项目的管理人员,无论有多丰富的经验,不可能面面俱到,轻而易举地掌握全面情况。项目经理也不可能对每个问题全深思熟虑。因此听取其他人的考虑是非常有效的工作方法。

为什么集思广益不是作风问题呢?不妨先退一步,看一看力排众议是什么意思。相信多数读者会同意,在某些场合,力排众议不是个贬抑的词汇,是说一种不囿于成见,有独特见识的能力。力排众议和刚愎自负不同,后者是自以为是,前者是独立思考。但集思广益和力排众议是相反相成的。只有工作方法可以是完全对立而又无所谓孰是孰非的,关键在于如何运用。反之不可能有对立的两种作风,不分优劣的。

力排众议是在集思广益之后的一种工作方法。因为作为项目经理,是要站在全局去考虑问题,其决定往往是一种平衡,折中或前瞻性的。而下面的负责人可能会仅仅从他们具体负责的角度去观察,考虑和要求,会有片面性和短视的可能。

对项目经理来说,他们考虑选择的决定往往会引发某些反对意见。这些反对意见的理由往往是项目经理没有深入分析过的情况,项目经理有必要认真对待,加以解决,可以说这是集思广益。但这并不意味项目经理选择的方案就必须放弃,只要解决了人们担心的问题,被反对的决定可能还是要坚持下去,这就是力排众议了。

43. 工程分解的学问

如果你问我,上海最高的金茂大厦的造价是多少,我肯定回答不出来,蒙也蒙不出来。如果你给我一周的时间,我把金茂大厦分解开,查查那个地段地皮多少钱一平方米,算算要用多少钢梁,多少强化玻璃,多少高压管道,多少大理石,多少电梯,多少电灯,多少人工……。我至少可以给你一个较为合理的价格数量级。如果你给我一个月,我作了较详细的调查,把用料和人工分细一些,我可以给你一个八九不离十的价格。如果你给我更多的时间,允许我雇一些成本专家和工程专家,我们就可以把大厦分解的更细,得出大厦的真正价格。在金茂大厦未建之前,这个工作叫成本估算,在金茂大厦完工之后,这样的工作叫审计。可见工程的分解是成本控制的基本点。

工程分解得好,成本控制就有了根据。那么工程分解的学问是什么呢?笔者认为一是对工程成本管理的需要,二是经验。每个工程会有成本控制的需要,但重点不尽相同。比如中国土木施工,劳动力远远低于设备和建筑材料,没有必要把人工分解到小时,按天甚至按周或月就可以了。但如果聘用了国外的设计、管理或复核，这部分人工就必须分解到小时。

如果在异地施工，有大量频繁的出差，差旅费就不应该笼统归纳为行政开支，应当分解到每个子工程，每个合同或每个工作包中。不然大家全以旅游当出差，根本分不出来。中国会太多，如果把会议的时间，会务的开支和会议出差的费用分解到各个工程负责人的预算之中，会议的效益就比较清楚了。

常常有人问："你们是怎么估算的？"如果正在进行的工程可以有的放矢的分解成本就为以后的估算积累了信息。比如把柴油用量分解开来，就会预测柴油价格上涨对工程哪一部分影响最大，及时采取相应的措施。

工程分解的经验非常重要，如果分解得粗，成本估算自然不准。但分解得过细，不但自找麻烦，而且照样不准确。这是因为分解得过细，每项支出很难归到分解的细项中去，要花费很长的时间去判定，结果下层管理人员就随意归类，工程分解形同虚设。

44. 用各种编码控制开支

上次讲到工程分解，工程分解之后，分解的细项要赋予编码，每个编码就有一个概算，可以来判断实际支出是否控制好了。部分分项概算的集合就是相应工作包的概算，可以作为合同招投标的依据。

我在中国常常看到概算归概算，实际开支归实际开支的现象。概算似乎是为了应付上级的，实际开支是拍脑袋出来的权宜之计。为此概算要高，是一场数字游戏，目的是拍脑袋时就更不用动脑子了。往往不是根据概算去判断成本是多是少，而是凭即时的主观"常识"去判断。这在计算机软件的概算上最为突出。在作概算时，专业人员根据正版的价格计算出成本，批准之后，这笔概算就完成了任务。真到要采购防病毒软件，要花几十万时，领导吓了一跳，说什么也不批，结果，或是不安装，或是用次的产品，或者干脆盗版。其实不是没有预算。

那么这样是否就节省开支了呢？脱离了专业的概算，临时拍脑袋的决策，必然缺乏全局观念，不是在质量上出问题，就是延误工期，再不就是花了概算中没有的钱。领导脱离概算的决策在实际上解脱了下级管理人员的成本责任，想不超支会很难。

按照编码来控制成本可以把成本落实到具体的工序和各级负责人上，一目了然。比如长途电话费是困扰国内领导的头疼事。大公司和大工程，一年可高达几百万。于是领导就在硬件上下功夫：大部分办公室电话不开通长途。其实问题没有解决，该打长途的人不好打，不该打的照样有办法打。笔者认为不妨从软件着手，把每台电话落实到人员头上，把每个长途电话落实到既定的工程编码上。超了预算，负责这个工程编码的人就要对其上级解释为什么超的，谁超的，有没有替代的办法。可能有人问哪里有这样的软件？我的回答是我所在的公司已经这样控制电话十多年了，中国市场上肯定有，问题在于你到底要不要用工程编码来控制。

电话可以这样控制，请客吃饭也可以这样控制：不管把吃喝分摊到项目上去，凡娱乐性开支全在工程编码上归属一类，例如 XXX-C-00000。前面的 XXX 是分项工程码，C 代表吃喝，00000 是序列号。统计全年吃喝就在按键之间了。不按这个码填怎么办？规定发票属于娱乐的必须对上码。

45. 为什么P3(Primavera)用不上？

P3(Primavera)是在大型项目上普遍应用的进度软件，中国大型工程使用P3也有近十年的历史了。P3不是一个便宜的软件，随之而来的还有培训，能够选择P3不能不说对进度控制的重视。但P3在中国一直用得不好，可以说是用不上。为什么呢？

以笔者的观察，可能有如下几个原因：

首先：中国大型工程会有很强的政治目标，完工期不是根据工程本身内在的规律计算出来的而是突出政治的结果，主观因素很大，P3自然无法招架。

第二：P3是模拟的工具，这前提是进度是可能变化的，是为了应付变化要使用的工具。但国内大型工程的进度往往是政府批准的，是不可以更改的。其结果不是用P3预测可能的变化，而是用P3证明批准工期的正确性。我们经常看见用P3制造的主进度图，五颜六色，镶嵌在玻璃框中，这种进度图在工程开始时还有用，随着工程的进展，逐渐脱离了实际，碍于前面雷打不动的主进度教条，没有人敢把变化了的进度图光明正大地挂了出来。如果进度控制真是这么简单，第一次制定的进度可以不变，还要P3干什么？

第三：是没有合适的部门更新进度。这要从项目分解谈起。建设工程部对项目的重点是工序之间的关系，彼此的制约和推动。计划合同部关心的是上级或政府要求的统计数字，主要是一个月，一季度或一年对人工，材料，设备和资金的需求，带有很强的计划经济的色彩。这两种需求的关系是多对多的关系：任何工序会包含不同的人工，材料，设备和资金；任何统计的人工，材料，设备和资金多被不止一个工序使用。P3或其他任何软件均无法自动建立两种需求编码的对应关系。在市场经济中，是假设任何人工、材料和设备会可以无限供应，制约的只是成本。建设工程部的管理人员不会主动关切一年用多少材料，他们关心的是需要的材料能否以可以接受的成本按时到货，前面工序完成情况对后续工序的影响。计划合同部门要知道用了多少材料，却不知道这些材料是用在哪里了，什么时候需要。这样在涉及详细进度时，不同的分解不能协调，没有一个部门可以决定任何更新进度，P3当然使用不起来。

那么如何解决这个难题呢？笔者认为，计划合同部必须从属于工程建设部（实质是从属项目经理），以工程控制需要为出发点，降低计划经济色彩的统计重要性。毕竟大坝建到何时能够安装水轮机比知道建大坝的水泥可以砌成围地球绕几圈的墙重要。

46. 预测的重要

管理说到底是管理未来，因为没有人可以改变过去，只能继承事实，或在成功的基础上更进一步，或接受教训在力所能及的范围内弥补损失。无论如何花出去的钱好比泼出去的水，是收不回来的。这个道理说起来好像很容易，但在国内的项目，人们的工作重点却鲜有是预测的。

从规章制度上讲，会计顶替了成本控制，老看花了多少钱不注重如何花钱；老在采购批准上下功夫审批，不按预算分权控制。在日常施工时，多开汇报会、验收会、任务分配会，很少开会分析如果计划完不成怎么办。

为什么轻视预测呢？笔者认为这还是计划经济的阴魂在作怪。按照计划经济的观念，管理的成绩是由能否按计划完成或提前完成来衡量的。因此设想计划完不成，等于设想项目失败,从心理上就是无法接受的。计划经济的另一个特点是项目的政治性过强,不是首长主观地决定进度和成本就是按某种政治需要来决定进度。这样设想计划完不成,就等于设想拂逆了领导意图,设想放弃政治目标,如何能把预测作为日常工作呢?

但我们不妨从另一个角度看预测:如果一切能按计划进行,又为何需要管理人员?正是项目的进行不断偏离计划,才需要管理人员来纠偏。为了及时纠偏,就要尽早推测项目发展的趋势,就要设想一旦偏离了计划如何应付,就要估计可能偏离计划的程度,就必须分析要付出什么代价才可以搬回到原计划的轨道上来,就应当判断是否值得完全搬回到原计划上来。这就是管理的内涵,依赖的就是预测。

47. 进展的衡量

衡量进度有很多方法,在这里笔者想介绍一种简易的方法,对预测进度很有帮助。

这个方法是建立在项目分解(WBS)的基础上的。在每一个项目细节,Activity(工序)上,会有一个概算,比如我们把装修新房子分解为设计,地板,墙壁,电气线路,天花板,厨房,浴室,清理八个部分。可以据此列出概算:

设计——2000 元

地板——150 元×120m² = 18000 元

墙壁——30 元×300m² = 9000 元

电气线路——50 元×10 人工 = 500 元,材料费 1500 元

天花板——30 元×120m² = 3600 元

厨房——50 元×50 人工 = 2500 元,材料费 8000 元

浴室——50 元×60 人工 = 3000 元,材料费 10000 元

清理——30 元×10 人工 = 300 元

这些工序的概算有些是包活,没有区分人工和材料,有些是把人工和材料费用分别估算的。总计是 58400 元。在工程进行时,我就可以据此衡量进展。比如承包工如果说厨房已完成 50%,使用了 30 个人工,我可以计算 30/50 是 60%,工程进度慢了,如果按照这个进度,我要增加 10 个人工。比如承包工如果说浴室已完成 60%,使用了 30 个人工。则我可以推算 30/60 是 50%,工程进展快了,如果按照这个进度,我会省 10 个人工。如果厨房和浴室是一个承包商承包的,一省一费,基本上是平衡的,我不必担心。

在大的项目上,每阶段使用的人工不是由某个人或某个承包商口头报上来的,是根据出工表由计算机汇总出来的,有相当的客观性。至于完工估计的百分比,可以是管理人员根据经验凭脑子估计出来的。你不必怕下属的管理人员为了应付你的统计在数字上搞花样,因为他们高估了,要把人工省出来才算数(好比上面对浴室的估算);低估了,就会导致增加预算(好比上面对厨房的估算)。正是这左右难逢源,促使管理人员要尽可能实事求是地估算,从而使你,一个项目经理对工程进展和成本有一个很好的感觉,是一个行之有效的早期预测的方法。

可能有人会指出,厨房的装修先需要较多的人工,浴室的装修正相反,后期需要人工多,因此你的估算不合理。我说你也对也不对。首先,如果你用人工而不是材料作为估算的基础,你就应当把人工不是按时间平均使用考虑到完工的百分比之中。其次,这样的估算是非常初步的,甚至是粗略的,是有相当的误差。但这种估算可以帮助你把精力集中在

可能会出现问题的子项目上，以便有的放矢地深入调查。也许我们可以称这是项目早期预警机制吧。

48. 质量真是第一吗？

"百年大计，质量第一"几乎是家喻户晓的工程口号。但是质量真是第一吗？装修房子的经验是不少人会有的，为自己的房子装修能质量第一吗？全要用最好的瓷砖装饰卫生间吗？全要买最好质量的空调吗？你一定会说没有那个必要，也没有那么多的钱。那么对于一个工程来说又何尝不是这样呢？

"没有那个必要"，是讲质量要从属需要。办公室的写字台不需要高质量硬木家具，不能质量第一，办公楼不能个个全盖成五星级的；通常的汽车只使用五年到十年，没有必要使用防锈二十年的不锈钢当底盘。

为建大坝，要先建个围堰，是个临时性的设施，更不需要质量第一。这个围堰的质量是通过计算来确定的。比如大坝建设工期是三年，围堰能抵抗十年一遇的洪水可能就可以了。如果不巧碰上洪水冲了围堰怎么办？那要看，冲了围堰的损失是多少？如果冲了围堰，耽误一年工期，整个损失是2亿人民币，而把围堰防洪能力提高到15年一遇的洪水要花费3亿人民币，那就没有必要提高围堰的质量。如果提高围堰质量的成本是1亿人民币，可能的洪水损失是2亿人民币，围堰的质量就应当提高一个档次。总之，不是质量越高越好。

"没有那么多的钱"是说要从实际出发。高级空调当然好，没有钱，退而求其次也未尝不是好办法。一级公路的质量当然比三级公路要好，但非要追求一级公路，可能就没有公路，不能不考虑成本去搞什么质量第一。

质量第一是说在和成本、进度、需要发生矛盾时，要服从质量，这显然是荒唐的。人们从常识就知道是不可行的。因此这个口号传达的信息是不要讲实话，不要叫真，搞形式就可以了，其客观结果是反而不重视质量。

质量好坏当然有标准，那就是按设计的质量去施工。

49. 安全第一对安全的危害

安全第一会对安全造成危害，似乎是匪夷所思。但且听笔者一一道来。

什么是安全第一？就是说安全高于一切。但世界上有不冒任何风险的工程施工吗？大型工程施工往往有大首长来视察，我们当然为了首长的安全不让他们爬脚手架。这说明首长的安全系数比较高。如果安全第一，那么所有的施工人员的安全系数就要和首长一样，谁来上脚手架施工呢？可见不能安全第一，不是安全不应当第一，是安全无法第一。

在欧洲，安全是首先考虑的问题。承包商如果没有对其施工的安全措施提出详细的安排，即使有最好的施工方案，最低的报价也不会中标。

在北美洲，保险公司如果发现进入工地的任何人员没有按规定着劳动保护用品，该工程发生的任何工伤事故，无论和这些人员是否有直接关系，均可能因此失去索赔的资格。

众所周知西方的人工是昂贵的，但任何一个施工现场会配备专职的安全检查员。这些安全检查员手握大权，可以拒绝任何违反安全规章的人员进入施工现场，可以根据安全的要求下令停工。在高速公路上施工，不是在距施工人员30米处放几个红色塑料圆锥就行了，一定有专人在百米处挥动红旗指挥过往车辆。

反观在国内，安全第一的口号满天飞，由于这是一个可说不可及的命题，其结果只能是说说而已。目前国内施工事故屡屡不绝，可以肯定发生事故的现场少不了"安全第一"的口号和标语。这说明人们麻木在不实事求是的口号上，却没有把安全落实在施工具体任务中。岂非口号危害安全？

50. 万事开头难

大工程初始，可谓千头万绪：资金到位，人员到岗，法律文件到手，后勤准备就绪，建立工作流程，设计启动，场地平整……，万事开头难，那么首先要抓什么呢？

往往见到万事开头会当先，大会小会接连不断。会不能说是白开，与会者会提出不少迫切的问题，提起了人们的注意，但是总觉得没头绪，一遇到具体事就不知道如何办理了。

我们不妨略微分析一下：资金不会一步到位，要有专人负责筹划；人员到岗要有一段时间，能否配备合适的人才是今后项目成功的关键，急不得，再说，一下来了一大帮，只是窝工添乱；法律文件何时到手，由不得项目经理，必须区分轻重缓急，一步步去交涉；后勤涉及五花八门，没有一个得力的总管，不是缺了桌子，少了办公纸就是忘了付电话费，令负责人焦头烂额；建立工作流程要协调各个部门的关系，可各个部门还没建立；登门要搞设计的单位倒是不少，但谁来评标呢？谁有权签合同呢？场地平整要付款，到底怎么付呢？……说来说去，首先是要有人办具体的事。

如果项目一开始，只有主要负责人有权，其结果事无巨细，会要主要负责人决定，就使得主要负责人从一开始就陷入事务性工作，无法从全局着眼考虑项目的战略部署。因此万事开头，首要的是落实授权。资金，人事，法律，后勤，采购，会计，施工全要落实到具体人员上，全要给予充分的授权，主要负责人必须摆脱开日常事务工作，把注意力集中在对全局的理解和运筹上，放在对下属管理人员的能力的判断和安排调配上。

也许有人认为一开始就授了权，以后再来人怎么调整？这就要回到笔者前面小议说的任何授权是有起始和结束日期的。项目的授权和企业的授权是不同的，前者是动态的，随项目进展不断调整；后者是稳定的通常不会变化。例如项目开始授权采购的人，未必适合项目中期大设备的采购。这除了个人能力之外，更取决于采购的专业技术的分工和经验。但专业采购管理人员未到岗并不意味主要负责人要去管一般的采购。必须根据目前现有的人力，授权相应的岗位，不能事必躬亲。再说观查授权人员的表现，对下一步的授权调整是很必要的。

概括来说，万事开头，一定要把权分解下去，这样才能推动起来。

主讲人简介

潘士弘先生，加拿大 Spancon 项目管理咨询公司总经理，中国电机工程学会水电工程信息化分会顾问。曾就职于加拿大蒙特利尔工程公司（AGRA）、世界最大的建筑集团之一的英国艾铭亚太有限公司（AMEC）。

潘士弘先生 20 世纪 70 年代中在美国完成学业，主修数理统计。70 年代末期在美国加州硅谷工作，从事软件开发，包括会计软件和早期电子信件软件。

80 年代初在加拿大蒙特利尔工程公司工作。首先为非洲尼日利亚国家银行建立计算机管理系统。1983 年参与北美早期预警系统更新项目。

自 80 年代中参与中国的工程项目，如：加拿大国际开发总署（CIDA）援华的华南电力规划项目、世界银行贷款项目的福建水口电站项目、能源战略规划是加拿大国际开发总署援华的又一大型项目，其主要目标就是对西电东送进行研究。潘先生负责项目的培训工作。还参与了小浪底水利工程信息规划，根据其项目管理经验和对信息系统的升级提供了咨询服务。

自 1996 年起潘先生负责建立三峡工程管理系统（TGPMS），这是中国第一个跨部门的大型集成项目管理系统。该系统的主要特点是：
- 集成的系统，便于统一管理
- 管理多个工程，协调彼此关系
- 体现管理规则，不仅仅是收集数据
- 以功能为模块，不受组织结构变化的影响

目前该项目管理系统在国内多个大型项目上应用。

上述在华的工作和在加拿大及其他亚洲地区的工作为潘先生对信息系统的应用、开发和对项目管理的结合提供了大量实际经验。

除此之外潘先生在中国很多单位和国际研讨会，包括中国工程咨询协会举行过多次项目管理的讲座。这些讲座均是侧重现代化项目管理的观念，根据实际项目的实例，提出潘先生的观点和考虑方法。

潘先生现任加拿大 Spancon 项目管理咨询公司总经理，为大型项目提供项目管理咨询服务，目前的主要客户有：
- 英国的 AMEC 工程施工设计公司建立亚洲项目管理系统中心。
- 上海最大的合资工程赛科乙烯裂化项目（英国 BP 和中石化）建立项目管理系统，设置项目管理流程。
- 德国拜耳在上海的独资项目设置项目管理流程，侧重物流控制和文档控制。
- 韩国仁川第二大桥工程提供项目管理咨询。

尤孩明博士，著名国际工程实务专家，现任中国北京首都国际机场扩建工程指挥部副总指挥，曾任欧洲著名的英国维克多投资管理公司的项目经理、高级项目经理及中国事业发展部总裁。

1983年7月毕业于山东科技大学土木与建筑学院，获工程学士学位。同年考取本校系统工程专业硕士研究生，1986年7月获硕士学位后留校任教。1994年获中英友好奖学金计划资助赴英国曼彻斯特科技大学（UMIST）土木与结构工程系作访问学者，从事国际工程项目管理和国际间建筑技术转让的研究。其间发表多篇学术论文。1996年赴香港大学房地产与建设系攻读博士学位，师从著名的项目管理学教授Tony Walker。1999年获工程管理博士学位。

毕业后，尤博士随即加盟著名的英国维克多管理公司，历任项目经理和高级项目经理，其间参加过的大型项目有：

1. 联邦快递（Fedex）欧洲枢纽中心——英国伦敦斯坦思克机场快递项目（交钥匙工程）管理
2. 敦豪快递（DHL）英国基地——英国Middleeast Land机场快递项目管理（主要是风险管理）
3. 伦敦Docklands轻轨线扩建与伦敦城市机场规划的可行性研究
4. 中国青岛流亭机场扩建项目国际招标
5. 中国济南遥墙机场扩建项目国际招标，方案中标，并完成初步设计
6. 中国大连周水子机场扩建项目国际招标，方案中标
7. 中国北京首都国际机场T3航站楼扩建项目国际招标，中标备选方案

在国际和国内的项目管理实践中，尤博士积累了丰富的项目管理技能，熟悉国际项目管理的先进理念和运作方法，熟悉菲迪克（FIDIC）施工合同条件，尤其是对国际工程项目总包管理有深刻的见解。2004年11月，尤博士受聘于中国北京首都国际机场T3航站楼扩建工程指挥部，任副总指挥，目前负责T3B航站楼和航站区项目的施工建设管理。

Reshare 西雅理源建设培训中心
传播专业管理　培训实战技能

服务宗旨
◇ 公开课程：推广专业管理，研修实战经验。
◇ 企业内训：推广专业管理，提供实战训练。

培训形式
◇ 企业内训
紧密结合市场、行业、企业现状和受训人员的需求情况，针对性开发培训课题和设置培训内容，由有丰富实战背景、广阔专业视野和成功业务履历的讲师为学员们提供实战技能训练。
具体根据企业受训人员层次和课程深度的不同，分为三类内训形式：
——系统内训形式："成功"系列课程
——专题内训形式："卓越"系列课程
——咨询座谈形式："咨询"系列课程
◇ 公开课程
根据建筑市场、行业主管部门关注的课题，及时有效地提供系统和专业的管理知识、技能和经典案例分析，达到传播知识、交流经验和启发思路的目的。
每年都以报建设部人教司核准的培训课程内容，在全国各地开班。

培训讲师
◇ Reshare 西雅理源的咨询顾问和培训讲师。
◇ 国内外业界著名的实战型专家
◇ 业界知名的机构和企业的高管人员。

培训方式
◇ 讲授、演示、演练、现场答疑与研讨交流相结合。

培训特点
◇ 中西结合，课程设置中结合东西方理念和国际惯例，更具本土实战性；与本土同行相比，更具有专业性。
◇ 注重"务实"和"提升业绩"，突出专业培训所倡导的"Know-how"与"Performance"。

培训是组织式学习，培训是管理的手段，培训是管理的过程。

西雅理源 Reshare 建设培训网：http://www.pmpchina.org